金星出版
命理生活新智慧・叢書
VENUS PUBLISHING CO.
U0084323

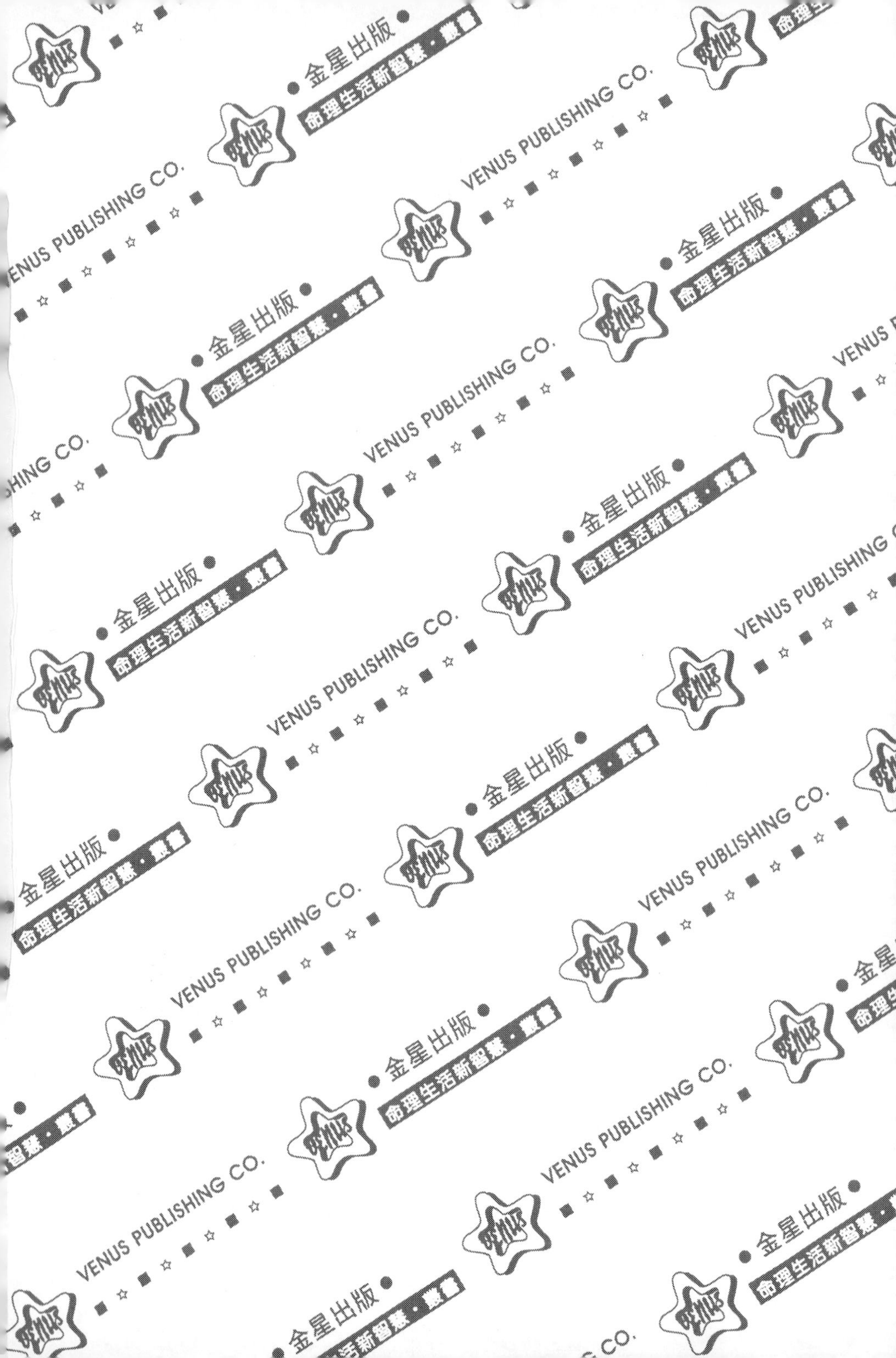

命理生活新智慧・叢書 113

你的『財庫』有多大

金星出版社 http://www.venusco555.com
E-mail:venusco555@163.com
venusco997@gmail.com
法 雲 居 士 http://www.fayin777.com
E-mail:fayin777@163.com
fatevenus@yahoo.com.tw

國家圖書館出版品預行編目資料

你的『財庫』有多大／法雲居士著，
--臺北市：金星出版：紅螞蟻總經銷，
2012年01月 初版； 面 ；公分—
（命理生活新智慧叢書；113）

ISBN 978-986-6441-60-8（平裝）

1.紫微斗數

293.11 100022959

你的『財庫』有多大

作　　者：法雲居士
發 行 人：袁光明
社　　長：袁光明
編　　輯：王璟琪
總 經 理：袁玉成
地　　址：台北市南京東路三段201號3樓
電　　話：886-2-23626655
傳　　真：886-2-23652425
郵政劃撥：18912942金星出版社帳戶
總 經 銷：紅螞蟻圖書有限公司
地　　址：台北市內湖區舊宗路二段121巷19號
電　　話：(02)27953656(代表號)
網　　址：http://www.venusco555.com
E-mail：venusco555@163.com
venusco997@gmail.com
法雲居士網址：http://www.fayin777.com
E-mail：fayin777@163.com
fatevenus@yahoo.com.tw

版　　次：2012年01月 初版 2023年9月 加印
登 記 證：行政院新聞局局版北市業字第653號
法律顧問：郭啟疆律師
定　　價：480元

行政院新聞局局版北字業字第 653 號
(本書遇有缺頁、破損倒裝請寄回更換)

ISBN：978-986-6441-60-8（平裝）

（因掛號郵資漲價，凡郵購五冊以上，九折優惠。本社負擔掛號寄書郵資。單冊及二、三、四冊郵購，恕無折扣，敬請諒察！）

序

中國『命理學』中，都有『財庫』一說，指的是人『本命的財』。中國人所談之『財庫』，其實包括很廣。包括了人『生命』之財，『活命』之財、及『續命』之財。這其中的範圍當然也包括了大家熟知的金錢財富之財、健康之財、生活上用度之財、智慧之財、工作的能力好壞之財、一生成就之財，以及父母的關愛之財，和兄弟姊妹及朋友同儕的幫助之財…等等。

中國人所談之『財庫』的內容既是這麼廣泛，但我們一般人所關心的又只是錢財財富之財庫而已，這豈不是太以偏概全了。不過，也沒關係！在現代社會中，大多數的事物都是以數值來認定的，因此用『財庫』的數值多認定人類生命資源，似乎也不為過。

很多人都想知道自己一生的『財庫』中到底有多少數值的財富夠他來揮霍應用？因此計算起來，就要從出生那一天開始算起，就連奶瓶、尿布錢都要算起，一直到壽終正寢的那一天，在這段生命歷程中，不論是他自已花掉的錢、儲蓄的錢、所賺的錢，以及別人花在他身上的錢(他所享受到的錢財)，亦或是中獎、發財得到的錢、加班領獎金所得之錢財、路上拾遺所撿拾的錢財，都包含在他的一生『財庫』之中了。

很多人說：『這麼複雜怎麼算啊？』當然可以算！命理學就可以計算出來！紫微和八字就可清楚解答。也會告訴你『財庫』的大小，以及生命的長短，會不會生病、有傷災，是那一類的病痛、傷災，以及未來的成就如何？會不會結婚生子？是否有子孫延續？更會告訴你『財庫』大的話，會大得像王永慶那樣呢？還是像比爾蓋茲、賈伯斯那樣呢？總之，《你的『財庫』有多大》這本書，會給你的人生有很大的鼓勵及打氣，希望你加油！繼續努力擴張『財庫』！

法雲居士　謹識

命理生活叢書113

目錄

第一章 人的『財庫』型式是什麼?

在你要進入本書的第一頁起，我首先要恭喜你，已先能瞭解自己的『財庫』型式！並關心你自身的價值問題了！所以你才會買這樣的一本書來看。同時也表示這是你個人的人生轉捩點，你已經向富有的人生邁進了。

首先我在前面的序中已經清楚的指明：人所有的『財庫』與財富盡在命盤上的十二宮中，也就是由命宮、兄弟宮、夫妻宮、子女宮、財帛宮、疾厄宮、遷移宮、僕役宮、官祿宮、田宅宮、福德宮、父母宮等十二宮共同組成十二個要件，來統籌組成我們一生的財富。在前面的序中這十二個條件已標明得很清楚。

人生從來都是只有祥和的人生才能保有『財庫』和聚集財富。坎坷多變的人生只會耗損錢財，無法長期擁有、累積錢財。所以縱使有暴發運、偏財運能致富，時間很短暫，無法長久。暴發運、偏財運都有暴起暴落的特質，長則三年，短則一個月，就會有起落暴跌之勢。很多經歷過暴發運的人，大概都已有了經驗。

所以如何使自己的人生平順祥和，逐漸累積財富就是能保有『財庫』和能享受富有的真正關鍵的問題。因此在這本書中要討論的不僅僅是你會有多大的財庫。而是更深層次的談到那些會影響到、耗損到你的財富的癥結問題，從而找出原因，改善它、修正它，使人生平順，也使財庫增大。我常常講：希望朋友們自己的努力可以打破我在書中給你定的『財富』數值。如此你便可完全掌握自己的『財庫』了。

但是我卻常聽到許多朋友感嘆歡喜的說道：難道我一輩子真的有幾千萬那麼多嗎？天啊！幾千萬算很多嗎？現今人平均有七十歲以上的壽命，換算下來，每月、每日的花費用度就很有限了。況且還要靠你自己去賺取，老天爺也並不會像按時發薪水一樣，讓你在七十個年頭每年每月來平均領取，它會常讓你有些年好過，有些年難過。

所以在我用命理角度來評斷人之『財庫』的結果就是：估算為人生『財庫』的財富在三千萬至七千萬元以內的人，都算是貧窮的人。人生一輩子的『財庫』財富在八千萬元至三億元的，為只有衣食之祿的人。這些人不見得有家產。人生財富在三億至七億元的人，是稍具有家產，小有一點富貴規模的人。人生財富在十億元以上的人，才能算是富有的、富翁級的人物了。所以真正富翁級命格的人是從能真正擁有十億

你的『財庫』有多大

價值命格的人開始算起的，由此再百億、千億的計算。(這是以新台幣NTD$的價值來計算的，讀者可換算成你所在的當地幣值來計算)。

談到這裡很多人便會失望了，起先與緻勃勃的快樂心情，一下子降到了谷底。每當我解釋給朋友們聽的時候，就會有朋友抗議：『老師！不要這麼嚴苛嘛！』

這不是嚴苛，而是事實。既然你來問我、請教我，自然證明你並不是只想得到安慰的，而是想突破更高層次人生『財庫』的數值的。我當然必須實話實說了，這樣才對得起來請教真相的人嘛！

有一位『紫相坐命』的女性朋友陪同先生一起來算命，談話中間，她很高興的問我：『老師！你在《你的『財庫』有多大》那本書中說『紫相坐命』有五億那麼多，真的有那麼多嗎？』

我看到她的夫妻宮中有『貪狼化忌』和『文曲』，子女宮有『日

月』、『擎羊』，田宅宮是『空宮』，雖然財帛宮有『武府、祿存』。看起來手邊可運用的錢好像很多，似乎比他的先生有錢，但是，她沒有出外工作，完全靠先生給家用。

她先生是『同陰坐命』子宮的人，其遷移宮有『擎羊』，財帛宮是『空宮』，田宅宮有『天相陷落』。其人的先生既然是在一個競爭激烈賺錢辛苦，生活只求安定，積蓄不多的財運狀況下，此女的財富又得自於先生，又如何能有五億的資財呢？

我在書中所舉的例子，是『命、財、官、夫、遷、福、田』這些主財的宮位完全沒有受到剋害時的情形。倘若有『煞星』進入這些宮位，財富就要依受剋的程度遞減的，並不是每一個『紫相坐命』者都能完全掌握五億元的資財的。而是倘若各宮位配合得好的話，資財是可達五億元的。因為『紫相坐命』的人是以專業技術取財的人，必須有固定高薪的工作，長期累積，可有五億元的財富。

這位『紫相坐命』的女士，夫妻宮有『貪狼化忌』和『文曲星』，表示她的外緣關係不好，多是非糾纏。而且此人的腦子有混亂的現象，『貪狼』和『文曲』為是非不清，又加『化忌』，更是思想短路，所以她會怕麻煩不出去工作。

另一方面夫妻宮有『貪狼星』的人，在內心感情深處是貪得無厭的人。**有『貪狼化忌』是容易貪得不對**，容易因貪心而引起是非災禍的人。因為在思想上有種種的問題出現，所以她會把自己的財運寄託在另一個財運不佳的人身上。

夫妻宮會對照官祿宮，當然夫妻宮有『化忌星』時，一定也會影響到事業上的智能與打拚能力了。況且賺錢的事首先需要人緣和好運。所以命盤中的『貪狼星』絕對不能居陷落、居平位，也不能有『化忌』

相隨。否則就失去了好運機會了。當然對一生中財富的影響也是極大的了。並且在家庭中，她也是個根本不瞭解丈夫、小孩在想什麼的人。腦子遲鈍、自以為是的觀念，讓她與丈夫、子女都像生活於不同世界中的人一般。因此兼管內心世界、情緒的夫妻宮，其實就是主控祥和『財庫』的重要原因之一。

人類擁有『財庫』的型式

其實每個人一生能擁有的『財庫』有很多形式。譬如說：一、自身先天的『財庫』。**二、**自己打拼努力的『財庫』。**三、**朋友和外力幫助的『財庫』。**四、**時間的切合點幫助的『財庫』（好運的財庫）。**五、**父母給的『財庫』（祖蔭）。**六、**貴人幫助的『財庫』（貴人運）等六種擁有『財庫』的形式。

你的『財庫』有多大

其中第一點：『自身先天的財庫』在紫微命理中，所談到的就是命宮裡有財星入座的『財庫』情形。**第二點：『自身打拼努力的『財庫』』**，就是官祿宮中所顯示有財星居旺的『財庫』情形。**第三點：『朋友和外力幫助的『財庫』』**就是遷移宮、朋友宮、兄弟宮中所顯示財星的『財庫』情形。**第四點：『時間切合點為助力的『財庫』』**，就指的是暴發運、偏財運所爆發的力量的『財庫』情形。**第五點：『父母給的『財庫』』**，指的是祖蔭以及和父母互通的『財庫』。也就是父母宮所顯示的『財庫』。**第六點：『貴人幫助的『財庫』』**，指的是經由人緣、貴格所能得到的『財庫』。這是貴人運，也同時是『陽梁昌祿』格所形成的『財庫』情形。

每個人一生的『財庫』會由上述幾種狀況獲得，我們一生的『財庫』也就存在於與上述幾種相關條件的宮位中。

命宮代表『自身先天財庫』

首先我們來看命宮中代表『自身先天的財庫』。在命宮中有正財星『武曲居廟』、『天府（財庫星）居旺』、『化祿』、『祿存』、『太陰居旺』，表示你天生具有的『財庫』就較多、較大。主要是因為財星居旺坐命的人，天生就對錢財具有敏感力，知道賺錢的方式，也會儲存，管制理財的方法較好的原故。

倘若『武曲』居平位，和『破軍』同宮，因為破耗太大，財星又不旺，縱使有『武曲化祿』，錢財也不多，這和『武曲居廟』時的狀況有天壤之別，是相差很遠的。『武曲』和『七殺』同宮也是一樣，『武曲』居平，表示對財的智能是不足的，『七殺』雖然居旺，但是殺星，只能讓人非常勞碌、流血流汗的拚命工作，對財的智能不足，也無法得到和『武曲』居廟時相同『財庫』的。

『天府』在命宮時，會有居廟、居旺、居得地三種等級。『天府星』雖是『財庫星』，但這個『財庫星』所做的工作，就是聞到、看到錢財之後，就一邊迅速的把財計算、打包，放在自己的倉庫（財庫）之中，不許別人來動它，所以『天府坐命』的人做的事是名符其實的會計工作。它不會像『武曲』使錢增多，只會就已有的錢財加以整理、計算、歸庫。『天府星』有居廟、居旺、居得地之位三種等級，也表示對錢的精明度的三種等級。居廟是最好的。居得地之位是最次等的。所以我們在看到『天府坐命』的人之後，會發覺這些人並不像傳聞中的多麼有錢，而是中規中矩的在過公務員的生活。**倘若命宮中另有財星（祿存）**，或有財星相照，會有較多的富裕，人也是守財奴型的人了，命宮中有『祿存星』的人，大家都覺得這個星曜代表很有錢了。

但是『祿存星』是『小氣財神』，它是拼命的做事，拼命的積存錢財的一種命格。通常『祿存坐命』的人都生活得很苦。跟別人少來往，也不會交際應酬，是老實又笨的人。賺錢的方法也是老實又笨的方法。他沒有特別的才華，只有對錢有特別的識別力。只要有錢賺便拼命的、辛苦的去賺。**『祿存坐命』的人都有『羊陀』相夾命宮**，是小媳婦似的、可憐兮兮的，深怕受人欺凌的人。所以『祿存坐命』的人主要是賺取能使自己活命、養命的錢財的『財庫』。倘若這個命格生在富裕的家庭中，太富有的話，與命格不配，此人便會是早夭之人。

『太陰星居旺』在命宮時，此人多擁有的財是陰財的『財庫』。這是屬於土地和房地產的『財庫』，因為『太陰』也是田宅主。而不是手頭流通的錢財的『財庫』。我們可以由『太陰居旺』坐命者的財帛宮和田宅宮看來就可知道，在他們的財帛宮中都沒有主財的星曜，而田宅宮都有『天相』福星，而且『天相』福星全都是居廟位的。所以『太陰坐命』人的財是土地、房地產的財，較不會拿來大把大把的花用。同時它也是穩定的、暗暗地、漸積而成的『財庫』。

官祿宮代表『自身打拼的財庫』

官祿宮是智慧之宮，也是人類奮鬥力展現的宮位與『財庫』。讀書時期，讀書讀得好要看官祿宮，長大後做事做得好也要看官祿宮。有些人會抗議說唸書並不代表一切，王永慶就沒唸什麼書也可做大老闆。但是你別忘了他唸不了書是因為環境窮，不容許，他本命有『陽梁昌祿』格，以後幾十年來的學習已經超越了許多專業人士，可算是台灣的『經營之神』了。這樣的一個人物，學習能力這麼強，你還會認為他是唸不好才不唸書的嗎？

十數年前有一位拒絕聯考的小子，在聯考多次失敗後，拒絕聯考，向台灣的教育制度挑戰，當時出了一本書，風光一時，也進入報社工作，但是後來就無聲無息了。**官祿宮有煞星、忌星的人，就是智慧有障礙的人**，縱使有一時的風光，那是流年運好，但終將浮沈於人海之中。**官祿宮中有財星**，本命就有『財庫』，亦表示其人對錢的敏感力強，對錢的智慧能耐較精準。但是也必須是財星居旺才行。

1 官祿宮有『財星』居旺的『財庫』

倘若官祿宮有財星的『財庫』，代表在工作上就接近財，會做金融類、數鈔票和與數字為伍的工作。同時計算能力、智商也是同樣高的人。

最近日本高科技的公司財團都高薪請印度的科學家去工作，他們發覺印度人的智商高、數學能力強、工作能力強，反而比其他的亞洲人好。因此我們可知道，智商的問題、數學能力的問題，是直接影響人的薪水和財富獲得的『財庫』。

另一方面，官祿宮所代表的奮鬥力是優良資源的『財庫』也是不容忽視的。有財星居旺在官祿宮的人奮鬥力很強。一方面是對財的喜愛。另一方面財星居旺時會有一種督促、清算、反省的力量。因為要把錢財弄清楚、要清點的關係，因此財星在官祿宮的人，會特別有奮鬥意志和奮發力。所以他們會賺錢很多。這是由他們自己本身的才能所賺到的錢。

2 官祿宮有『官星』居旺的『財庫』

官祿官中有官星居旺的『財庫』時，奮發力也會強，官星就是例如『紫微』、『太陽』、『天梁』等星。但這些星是不主財的星曜，它們是經由工作努力、升職、升官所得到加薪機會的財，其財力當然比不過有財星居旺在官祿宮的時候，但這也是『自身打拼的『財庫』』。

3 官祿宮有『運星』居旺的『財庫』

官祿宮有運星居旺的『財庫』時，奮鬥力也會強，而且這是自己本身的運氣再加上奮鬥力之所得『運星』有『天機』、『貪狼』，但必須居旺才有效。

4 官祿宮有『七殺星』的『財庫』

『七殺星』很多人也把它當做是財星。但是這是一種非常辛苦、勞碌、拼命流血、流汗的財。有『七殺』在官祿宮的人是『貪狼坐命』的人。所以應該不是『七殺』帶來的財，而是『貪狼坐命』者自己命宮就是好運星，天生有好運、好機會帶來的『財庫』。

倘若是『七殺坐命』的人，因財帛宮是『貪狼』好運星。所以『七殺坐命』者是因為手邊運用錢財的機會特別好而得財富。因此嚴格說起來，『七殺』是離不開貪狼這顆好運星的。所幸的是『殺、破、狼』永遠是在三合宮位呈吉度照守，因此運氣和打拼永遠都是『進財』的最基本的條件了。

遷移宮、朋友宮、兄弟宮代表『外力幫助的財庫』

遷移宮中有『擎羊』、『陀羅』、『火星』、『鈴星』、『劫、空』這些星存在時，不但會出現人的外界環境變凶險艱困，而且直接會影響到人的個性、性格變凶暴。

1 遷移宮有『擎羊星』的『財庫』

遷移宮中有『擎羊星』的『財庫』的時候，表示你從小生長在一個關係複雜、險惡的家庭中，父母兄弟姐妹（所有的家人）都對你很凶惡。長大以後不論是在工作上會多競爭，在婚姻生活中你也很小心、很顧忌。同時你是一個愛多想、多煩惱、事事要小心翼翼、用盡心機的人。你常因過慮而心胸感覺悶，常有無力感。外界的環境是這麼的凶險難困，賺錢也不容易，多是非爭鬥，所以你會用堅強剛毅的性格來防禦別人，以防別人的侵害。所以縱然是『財星坐命』的人，命中有『財庫』，但因為環境不佳，也會影響賺錢蓄財的能力，也會影響『財庫』大小的。

2 遷移宮有『陀羅』、『火星』、『鈴星』的『財庫』

遷移宮有『陀羅』、『火星』、『鈴星』、『劫、空』也是一樣擁有不好的環境的『財庫』。

遷移宮有『陀羅』時的『財庫』，你從小會生長在一個是非多、和家人彼此不瞭解、用極愚笨方式的相處方法、非常冷淡、但又是非糾纏不清的家庭中。長大後，所到之處也同樣是這麼一個是非不清的世界。你也會心中產生煩悶、心胸不清爽、賺錢不易，又有拖拖拉拉的情形，生活、賺錢都是艱苦的形式。影響到人的個性也是思想怪異扭曲的、常『自以為是』的做笨事，又為自己找藉口，不想擔當責任。這當然也會影響自己一輩子的『財庫』。

遷移宮有『火星』、『鈴星』的『財庫』時，從小會生長在火爆氣氛的家庭中，時時擔心，是非、災禍很多，對自己一生也有影響。但命宮有『貪狼星』或遷移宮中有『火、貪』、『鈴、貪』同宮的人，一生是大起大落的人，會有暴發運和偏財運，但是生活並不十分愉快，而且是暴起暴落的人生。一輩子的『財庫』是有時多、有時少的情形。其人的性情也會火爆和反覆無常。

3 遷移宮有『天空』、『地劫』的『財庫』

遷移宮中有『天空』、『地劫』的人的『財庫』，縱然命宮中有『財星』及『財庫』，其人從小也是生長在寒門或寺廟之中長大。外界的環境就是空無，因此形成『財庫』落空的局面，這人也可能是出生貴冑名門之後，但會因家中發生重大事故而破敗，以致於無財窮困。長大後的環境也是一生空無，所以也沒有財富及『財庫』可言。

4 遷移宮有『財星』、『吉星』的『財庫』

由上列的情形看來，最好的遷移宮就是『財星』坐遷移宮的『財庫』了。所以像『貪狼坐命』辰、戌宮的人，遷移宮中有『武曲』居廟，以及『七殺坐命』寅、申宮的人，遷移宮有『紫府』，只要沒有煞星進入遷移宮，都會在財多富足的富貴家庭中成長，一生接近財的運氣較多較好。原先就生長在『財庫』多的環境中，再加上後天的努力蓄財，自然『財庫』是比一般人豐厚的，可列入富翁之列了。

5 兄弟宮、僕役宮有『財格』、『輔星』的『財庫』

兄弟宮和僕役宮（朋友宮）是相互對照的宮位的『財庫』。這兩個宮位也同時是表示你在同年紀、同輩中的競爭力、協調能力、群體關係和諧與否的宮位。自然也是以財星入座、祿星入座、權星入座、輔星入座是最美最吉的同輩助力的運氣與『財庫』了。

事業是每個人一輩子『財庫』的主要進口、來源。而許多職業都需要有良好的朋友運、部屬運、兄弟運才能達成的。

我曾在多本書中提到過，已過逝蔡萬霖先生是做保險業的，三十年前便每日有三億元進帳，在現今可能更多。**而這位蔡先生的僕役宮就很好**，所以每日有人幫他賺錢，累積財富，以至於成為位居數十年世界富翁排行榜前十名的位置。這種『財庫』就是朋友和外力幫助的『財庫』。

兄弟宮和僕役宮中具有財星的『財庫』：『武曲』、『天府』、『太陰居旺』、『化祿』和『紫微』、『太陽居旺』、『化權』、『左輔』、『右弼』都會具有這種朋友和外力幫助的『財庫』。反之如有『擎羊』、『陀羅』、『火星』、『鈴星』、『地劫』、『天空』、『化忌』、『七殺』、『破軍』、『貪狼』、『廉貞』，這種同輩間的關係就不完美了，會有剋害，而沒有輔助力量了。這種『財庫』會有破洞。

倘若是煞星和『左輔』、『右弼』同宮在兄弟宮或僕役宮的『財庫』，其人的輔助力量是助惡不助善的。在壞事上輔星幫助你達成。你的兄弟、朋友、部屬會加速你的耗財、不順，而無法幫你進財。他們會幫你想如何花錢、耗財的事，成事不足、敗事有餘。但對幫你賺錢是沒有辦法的。因此會在你有錢的時候與你親密和諧，在你窮困時拚命打壓，置你於萬劫不復之境地。這時候你就要暫時遠離他們，你是根本無法靠此外力得財的，只有在命格中尋找其他得財的『財庫』方法了。

以『時間的切合點』為助力的『財庫』

以『時間的切合點』為助力的『財庫』，主要講得是暴發運和偏財運所得之『財庫』。很多人在命格中會形成暴發運格。

《有關暴發運、偏財運格請看法雲居士所著『如何算出你的偏財運』及『驚爆偏財運』、『暴發智慧王』、『樂透密碼』等書》。

暴發運和偏財運主要會發生，是以『年、月、日、時』四個『標的點』中有三個相互重逢，就會爆發。所以這是『時間上的切合點』的問題。**暴發運和偏財運會帶給人大量的財富**。但是這也必須以命格中『財庫』原本的總數財富為主要的架構。在這個架構中再來分大小多寡。

有偏財運和暴發運的人，在固定的時候會暴發，這也是時間切合點正逢其位的關係。某些人暴發運格（偏財運格）非常優良，所產生暴落的狀況較輕，而且每六、七年就逢到一次，累積暴發的結果，減去耗損，存留的財富極多，此人就是靠『暴發運』、『偏財運』為助力得財而致富的『財庫』。

偏財運都有暴起暴落的特質。倘若命格格局不好，要十二年才會輪到一次（偏財運中有破格）或者是有『武曲化忌、貪狼化忌』在偏財運格中根本就不會感受到偏財運了，也不會暴發財運了。也就失去了這個以『時間切合點』為助力的『財庫』。

世界上有三分之一強的人，具有這種『以時間切合點』為助力的『財庫』。但是真正能順暢保有財富的人卻不多。另有一項原因也是命盤格式不佳或命格中多耗破剋傷之星所造成的。所以真正擁有以暴發運、偏財運致富的人的『財庫』並不多見。而且某些人是一時的富有、無法終身富有。這也是命理格局的型式所形成的『財庫』的真實狀況了。

父母給的『財庫』

某些人出生時命就很好，出生在富有的家庭，與父母感情親密，他們就是具有『父母給的『財庫』』的天生好命。通常這些人擁有溫和多金的父母，父母宮會出現『財星居旺』、『紫微』、『福星居旺』、『祿星』等等。其中以父母宮中為財星居旺的人，父母財多、照顧子女較周全，會給子女錢財用，也會給子女房地產。所以這些人多半是靠祖蔭而致富的『財庫』。但是也必需此人的田宅宮、福德宮、遷移宮要吉旺，不能有破耗。否則父母給的財，你也守不住，一生更別想富有多金了。

就像天機坐命丑、未宮的人，父母宮是『紫府』，父母就是富貴之人，田宅宮又是『巨門居旺』，房地產多，此人的遷移宮是『天梁居旺』，故此人一生所得之『財庫』，完全是父母給的，或是祖蔭遺留下來的財。所以此人本命不是很好，但只要不短命，便能享受到並擁有好的財富，這是一般人無法理解的事。

貴人幫助的『財庫』

很多人都會奇怪，貴人幫助的『財庫』是那裡來的呢？什麼人會幫你生『財庫』呢？其實一點也無須奇怪的，說是貴人幫助的『財庫』，還是要靠自己努力得來。這個財其實就是『陽梁昌祿』格的『財庫』。

某些人在自己的命格之中，天生就有『陽梁昌祿』格完整美好的『財庫』，或是有些人在運氣運行到有『太陽』、『天梁』、『文昌』、『祿星居旺』的時候，也能有這種『財庫』。命格中本身就具備完整的『陽梁昌祿』格時，就會讀書讀得好，具有高學歷、高知識、高智慧，以及完美的貴人運，主貴，並且會以具有文化素質的方法來得到『財庫』。

當然在這種『財庫』中最不可缺少的就是『貴人運』了。沒有『貴人運』無法唸書唸得好，也無法升官得財。

所以在『陽梁昌祿』格中，『天梁陷落』的人的『財庫』，要以升官得財富是非常緩慢、機會少的。**有『文昌居陷』的人的『財庫』**，表示智商不好，文化素質低。**有『祿星』居陷的人的『財庫』**，表示縱使有名聲也財少。**有『太陽居陷』的人的『財庫』**，前途不順暢，光明、光輝的日子少、名利不兩全。所以只有『陽梁昌祿』格完整的人，是最能得『貴人財』的『財庫』的人。會得『貴人財』的人，多半是從事有固定薪水的公務員、公職人員，只要『陽梁昌祿』的格局好，『命、財、官、夫、遷、福、田』沒有煞星侵害，『貴人財』就會得的多，財富就會很大了。

上述是『財庫』出現的方式。下面來談談如何來計算自己一生的『財庫』有多大。

使你升官發財的『陽梁昌祿』格

法雲居士⊙著

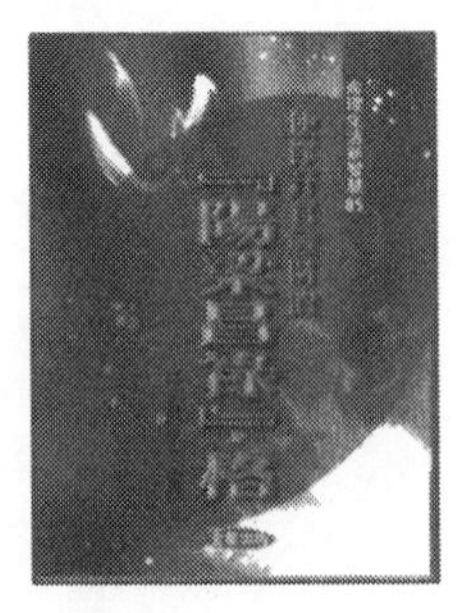

在中國命理學中，『陽梁昌祿』格是讀書人最嚮往的傳臚第一名榮登金榜的最佳運氣了。從古至今，『陽梁昌祿』格不但讓許多善於讀書的人得到地位、高官、大權在握，位極人臣。現今當前的世紀中也有許多大老闆大企業家、大企業之總裁全都是具有『陽梁昌祿』格的人，因此要說『陽梁昌祿』格會使人升官發財是一點也不假的事實了。

但是光有『陽梁昌祿』格卻錯過大好機會而不愛唸書的人也大有其人！要如何利用此種旺運來達到人生增高的成就，這也是一門學問值得好好研究的了。聽法雲居士為你解說『陽梁昌祿』格的旺運成就方法，同時也檢驗自己的『陽梁昌祿』格有無破格或格局完美度，以便幫自己早早立下人生成大功立大業的壯志。

第二章　如何計算自己『財庫』中的財富有多大

很多人都對『自己命中『財庫』到底有多大』很感興趣。但也有些人將信將疑。某些人會認為這是上帝天書中才會記載的事，凡人又那裡能夠真正的理解清楚？某些人也會說，我早就知道自己會是有錢人了，只不過時機未到、時運不濟，所以現在還不到時候知道。

不管你是否己是個先知者，亦或是因崇敬造物者的造化，而不想輕易的來談論只有上帝才知道的事。但是我想：在你看這本《你的『財庫』有多大》的時候，你還是想窺探在自己一生的生命中是否有奇蹟出現？也希望在自己的命盤中像挖掘寶物一般的探測自己未來所擁有的財富。

在現今科學發達的時代裡，在太空中環繞地球及太陽的軌道和磁場都被科學家用數字精確的計算出來了。所以任何人想計算自己生命中『財庫』的財富就不是難事。尤其在命理學裡更是有跡可循，只要遵循幾個規則性，便能輕易的計算分析出來，這不但能激勵我們人性的鬥志，更可早早規劃好人生的方向。只有確切瞭解自己人生價值的人，才能創造更豐富的財富。就像我在第一章前面所說的，很希望你能打破我在本書中給你定的『財庫』數字，創造更高的人生財富和價值。

『財庫』的計算方式

在本書第三章中有十二個命盤格式中各個命格的『財庫』估算數字，這是根據此命格的『命、財、官』和其他命格的『命、財、官』加以比較，在命盤格式與命盤格式中也相互比較而得來的數字，所以這是一個飽和的數字。再依據這個命格『財庫』的總數來加以修正。

假如命格中的『命宮、財帛宮、官祿宮、福德宮、遷移宮』或各重要的輔宮中有『化祿』、『化權』、『化科』的，就對一生的『財庫』要加分。倘若『命、財、官、福、遷』中有『化忌』、『擎羊』、『陀羅』、『地劫』、『天空』的，對其人一生的『財庫』就要減分。有『火星』和『鈴星』在上述宮位的，倘若和『貪狼』同宮或相照，形成『火貪格』、『鈴貪格』的，只要沒有『化忌』、『地劫』、『天空』同宮的人，便是大大的加分，因為有暴發運、偏財運的關係。倘若『火、鈴』並沒有和『貪狼』相遇，只是單星在上述宮位中，則會減分。『火、鈴』陷落時較凶，減分更多。這就是一般估算人生『財庫』的一個基本方法。

『財庫』的計算要則

1 利用書中告訴你的每個命格的基本『財庫』形式的數值，做一個基礎數值來運算

◎在『命、財、官、遷、福』這五個宮位中有『化祿星』的人的『財庫』，命格『財庫』總數乘以120%，這是加分20%。**上述五個宮位中**

有『化權星』的人的『財庫』，命格『財庫』總數加分10％。**上述五個宮位中有『化科星』的人的『財庫』**，命格『財庫』總數加分5％。**在上述宮位中有『化忌星』的人的『財庫』**，命格『財庫』的總數減分20％。**在夫妻宮中有『化忌星』時的『財庫』**，減分10％。

◎**在『命、財、官、遷、福』這五個宮位中有『擎羊、陀羅』居旺位時的『財庫』**，減分15％。**『羊、陀』居陷時的『財庫』**，減分20％。**有『地劫、天空』時的『財庫』**，也要減分20％。

◎**在命格任何相互對照的宮位，有『火貪格』、『鈴貪格』時的『財庫』**，或某一個宮位火貪同宮、鈴貪同宮形成『火貪格』、『鈴貪格』時，此偏財運格必須完美無缺，沒有破格的情形，其人生『財庫』的總值可增加20％。**有化忌在『火貪格』、『鈴貪格』之中的『財庫』**，不增加，要減少10％。**但『化忌』若坐落於『命、財、**

你的『財庫』有多大

官、遷、福、夫、田』七宮的人的『財庫』，要減少20％。

◎命格中有『武貪格』的『財庫』，格局完美的，人生總『財庫』亦可增加20％。『武貪格』中有『羊、陀』形成破格的，人生總『財庫』可增加10％。『武貪格』中有『化忌星』的人，不增加，要減少10％。但若『武貪格』有『化忌』，又坐在『命、財、官、遷、田、福、夫』七宮的人的『財庫』，人生總『財庫』要減少20％。

◎在命格中『命、官、遷、福、田』各宮位中有『火星』、『鈴星』單獨出現的『財庫』。『火星』、『鈴星』居旺位，減分10％，『火星』、『鈴星』居陷位，減分20％。

『火星』、『鈴星』獨坐財帛宮的人的『財庫』，『火星』、『鈴星』居旺位，加分10％。『火星』、『鈴星』居陷位，加分5％。

2 在『命、財、官、遷、福』這五個宮位中有化祿、祿存，或是有化權、化科，也同時有羊陀、火鈴、劫空

就要利用人生『財庫』總數值來加加減減了。有幾個『祿、權、科』的，就加分幾次。有幾個『羊、陀、火、鈴、劫、空』，就減分幾次。更要注意『火、鈴』是否在財帛宮的問題，在財帛宮是加分在其他宮位都是減分。

3 在計算人一生的『財庫』有多少時，更要注意此人的一生歷程是否是順應命格的趨勢

譬如說，在此人的命格中最優秀的宮位是夫妻宮，財星、貴星都在夫妻宮，就要看此人有沒有結婚？結了婚的人，有配偶的助力來生

▼你的『財庫』有多大

『財庫』，就能保有計算後剩餘的財富，**沒有結婚的人，終身的『財庫』還要再打折扣，再減少30%以上。**

上述這個狀況常發生在某些人在遷移宮、福德宮、命宮中有『地劫、天空』之時，很不容易結婚，而婚姻的力量又是此人命格中的主要助力的時候。

舉例說明：

疾厄宮 太陽化權 癸巳	財帛宮 破軍 天空 甲午	子女宮 天機 乙未	夫妻宮 紫微 天府 陀羅 <身> 丙申
遷移宮 武曲 地劫 壬辰	陰男 木三局		兄弟宮 太陰 祿存 文曲化科 丁酉
僕役宮 天同 鈴星 辛卯			命宮 貪狼 擎羊 戊戌
官祿宮 七殺 火星 庚寅	田宅宮 天梁 辛丑	福德宮 廉貞 天相 庚子	父母宮 巨門化祿 己亥

這位朋友是『紫微在申』命盤格式的人。命宮是『貪狼、擎羊』。遷移宮有『武曲、地劫』，財帛宮是『破軍、天空』。官祿宮是『七殺、火星』。福德宮是『廉相』。

我們把這位朋友的『命、財、官、遷、福』等五個宮位的『祿、權、科』和『羊、陀、火、鈴、劫、空』全找出來。發現『祿、權、科』全在閒宮，無用，不計。而命宮中有『擎羊』，遷移宮中有『地劫』。官祿宮中有『火星居旺』。財帛宮中有『破軍、天空』居旺。福德宮中沒有可扣分的星。

此人在命、遷二宮，原來是形成『武貪格』的，但是有『擎羊』、『地劫』，破格破的厲害，顯然是不會暴發的了。

『貪狼坐命』戌宮的人，基本財富有五億。再用此五億元來加減計算。

因為此人命格中有『擎羊』、『地劫』、財帛宮有『破軍』及『天空』，故減分60％，官祿宮有火星在寅宮居廟之位，故再減分10％，共計減分70％。故此人只剩下五億元的30％的財富，即是一億五仟萬元為其人終身的『財庫』。

此人最好的宮位就是夫妻宮，倘若此人結了婚，有很好的婚姻，便可擁有一億五仟萬元，若結不成婚，或終身不婚，此人的一億伍仟萬『財庫』還要再打折扣30％，成為一億元左右的終身資財，這個人一生過得就非常苦了。

所以結婚與否也會影響到一生的『財庫』問題。主要是因為此人的『財庫』是在寄託在配偶的身上（在夫妻宮）。若結婚成家，有配偶幫忙守住『財庫』、增加『財庫』，及開拓人緣關係，自然可以打開此人的『財庫』之門。但是此人的外界環境是『劫財』財少的困局，所以不容易結婚。這必須好好在婚姻問題上努力了。不然沒有助力的幫助，就會終身抱憾，成為窮困慳吝的『窮人』了。

每個人若要認真清算自己的終身『財庫』，必須也要會看自己命局中對自己最有利的宮位。對自己最有利的宮位最好就是『命、財、官、夫、遷、福、田』這幾個宮位。倘若是『父、兄、子、僕』等宮位，那恐怕就要等到大運到了，才會有點錢財了，助益並不大。在疾厄宮這等閒宮，也是一樣，必須等到大運到了才有錢財可用，過了也沒錢財，無法直接對人一生的『財庫』總值增加的。

如何選取喜用神
用顏色改變運氣
紫微斗數全書詳析

第三章 各類命格的『財庫』有多大

此章中所談的有關人一生中所擁有『財庫』之計算方式，是以人出生至死後蓋棺論定，中間生存時間所得到及享用的一切錢財。有些人賺的多、獲得的較多，死後尚有遺產留下來給子孫，這些錢也可算在內。某些人死後欠了一堆債，等於是向命中的『財庫』預支了錢財，這些錢怎麼算呢？

『人死債爛』！這些錢當然是無法再算在這個人的帳上的囉！想想看這個欠債而亡的人，他的最後幾年也是不好過的了，因為已經超支了他命中的錢財了。這也是他命中並無擁有這麼多的財富的關係。

你的『財庫』有多大

既然命中的『財庫』，是從生到死的計算方式，幼年時父母所給予的養育、教育的花費，國家所給予的教育經費也在你命中的『財庫』裡進出。(屬於你命中的財富之一。)

及長，你要結婚生子，養育子女，奉養父母的花費，也在命中的『財庫』裡進出。

在這些『財庫』中也包括了你被人坑蒙拐騙去了的錢財(這屬於你自身耗財的部份。)亦包括你強取豪奪而得來的錢財(這屬於你進財的部份。)

因為關於你的『財庫』清單，就是經過你的生命而過手的財富的總數。

此書中所論及的『財庫』數值，是以目前台灣的通用的貨幣數值(新台幣 NTD)為本位的。其他國家、地區的讀者可換算當地的幣值，方便你隨即可了解自己一生所得財的多寡。

『紫微在子』命盤格式

1.紫微在子

太陰(陷) 巳	貪狼(旺) 午	天同(陷) 巨門(陷) 未	武曲(得) 天相(廟) 申
廉貞(平) 天府(廟) 辰			太陽(平) 天梁(得) 酉
卯			七殺(廟) 戌
破軍(得) 寅	丑	紫微(平) 子	天機(平) 亥

1『紫微在子』命盤格式，『紫微坐命』子宮的『財庫』

◎在『紫微在子』的命盤格式裡，倘若你是『紫微坐命』子宮的人。你有穩重懾人的氣質，很得到別人的敬重，人緣不錯。你所從事的行業應與文化業或屬木性質的職業有關。你的『財庫』是一種穩定漸進，經過頭腦策劃過的生財方式。賺錢不是很多，但是你的手邊還算富裕。你一生都辛勞不斷，絲毫沒有放鬆過，是個無法享福的人。

◎你的六親緣份不強，無法在祖上父母處得到助力。如你的兄弟宮是『天機居平』，夫妻宮是『七殺居廟』，與對宮的『天府』形成『因財被劫』的困擾。夫妻以聚少離多，較能保持和協的關係。父母宮為『空宮』，對宮『同巨居陷』相照，與父母的關係也不好。朋友宮又是『太陰居陷』，無法得到女性朋友、上司及部屬的幫助。這樣的關係，連用個女秘書都感覺不順。因此你只有自己打拚，忙個不停了。如此的賺錢法，即使富有，也只是小富而已了。

◎因此你一生所擁有的『財庫』最多大致在二億元之譜。

◎倘若你是甲年生的人有『廉貞化祿』、『破軍化權』。**戊年生的人**，有『貪狼化祿』。**己年生的人**，有『武曲化祿』和『貪狼化權』。**壬年生的人**，有『紫微化權』。你的財富會較多一些。**壬年生的人**，有『紫微化權、擎羊』在命宮，但有『武曲化忌』在財帛宮，所以金錢運依然不順，又有『陀羅』在夫妻宮和『七殺』同宮，故一生錢財不到二億。

◎倘若你的時辰生得好，有『火星』、『鈴星』進入子、午二宮，形成『火貪格』、『鈴貪格』、『紫火格』。你會有雙重爆發偏財運的機會，你一生會有數億的財產（但是不能是壬年生的人）。你自己享用的不多，因為你的福德宮是『破軍』坐鎮，只知辛勞打拚，不知享福。所以呀！在你爆發了偏財運之後，還是多享享福好了。

2 『紫微在子』命盤格式，『空宮坐命』丑宮的『財庫』

◎在『紫微在子』的命盤格式裡，倘若你的命宮在『丑宮』又是『空宮』，對宮有『天同、巨門』相照。你的個性表面上看起來很溫和，但口舌是非常環繞著你，讓你煩惱。你自己也常因說錯話而引來是非麻煩。你的幼年坎坷不順，只有兄弟手足對你較好，會照顧你。其他的人如配偶、子女、父母等都處不好，感情生活較孤寂。朋友之間也會有遭怨、受拖累的情況出現，必須小心。

◎你的財帛宮是『太陽、天梁』皆居平位，你一生為錢操勞。雖然錢賺得不算多，但是你辛苦打拚來的房產還不少，『財庫』也有積蓄，很讓你滿足快樂。

◎你一生的『財庫』約莫在二億之間。

3 『紫微在子』命盤格式，『破軍坐命』寅宮的『財庫』

◎在『紫微在子』的命盤格式裡，倘若你是『破軍坐命』在寅宮的人。你有『愛拚才會贏』的個性，做事積極進取。對於求財更是拚命到底，因此你會獲得很多的錢財。父母、妻子也會給你很大的幫助。但是『破軍』是顆破耗之星，雖然你的事業做得很好，也大進錢財。可是在你『阿撒利』的個性之下，花費龐大，存不了什麼錢。倘若房屋掛在你的名下，而你的田宅宮又是『太陽陷落』，真是一點也留不住的。你只有請你的賢內助幫你存財，成為你的『財庫』才行了。

◎『破軍坐命』寅宮的人，在三十多歲至四十多歲的中間，差不多有十年的光景，財運都不太好，大運走在『天機居平』與『太陰陷落』的位置上。倘若你的子、午宮有『火星』、『鈴星』進入的話，陽男陰女在二十幾至三十幾歲的大運裡。陰男陽女在四十幾歲至五十幾歲的大運裡會爆發偏財運。給你的人生帶來一些驚喜。但是你仍要小心你的『財庫』破了，財留不住的問題。

◎『破軍坐命』寅宮的人，一生的『財庫』大致在二億左右。

4 『紫微在子』命盤格式，『空宮坐命』卯宮的『財庫』

◎在『紫微在子』的命盤格式裡，倘若你的命宮在卯宮，而又是『空宮』的話，因對宮『太陽、天梁』的照顧，你一生有貴而不顯，秀而不實的狀況。也會遲婚，事業上要至中年以後才會有發展。任公職、教職較好，也有從事命理工作的。女性的話，婚姻波折更多。

◎坐命卯宮為『空宮』的人，你的財帛宮是『天機居平陷』，福德宮又是『太陽陷落』，官祿宮是『天同、巨門陷落』。財的來源不好，手中能掌握的錢財又少，因此你是在一種安貧樂道中過日子。所幸你的父母對你很好，時時接濟你，又有房產給你，老年時又有子女的奉養，倒是不愁了。

◎倘若你的出生時間不錯，在子、午宮中有『火星』、『鈴星』進入，也會有暴發『偏財運』的機會。但是你素來與房地產的緣份低，因此房產在你的名下還是會被賣掉的，要放在子女名下較好。

◎『紫微居子』命盤格式裡，坐命卯宮為『空宮』的人，你一生的『財庫』大概在六、七千萬元之譜。乙年生的人有『祿存』坐命宮，『財庫』較多一點，有一、二億元上下。

5 『紫微在子』命盤格式，『廉府坐命』辰宮的『財庫』

◎在『紫微在子』的命盤格式裡，命宮是『廉貞、天府』，而又坐命在辰宮的話，這個命局是『紫微在子』的格式中最好的一個命局了。

◎『廉府坐命』的人，有冷靜及善於分析的頭腦，在工作上有傑出的表現。做文職、公職可有高職位，從官可做到機關首長。因對宮『七殺』的影響，工作辛勞忙碌，所得之『財庫』為公務員按時發薪，所累積下來的錢財，是一種很穩定的『財庫』。

◎『廉府坐命』的人，十幾歲到二十幾歲都過得不好，六親的關係也不好。夫妻宮是『破軍』，有再婚的可能。子女宮有『同巨』相照，孩子不易管教，親子關係不好。父母宮是『太陰陷落』，不是與母親處不好就是母親早逝。如此一來，『廉府坐命』的人得不到家庭的助力，只有自己向外發展努力了。

◎『廉府坐命』的人，財帛宮是『紫微居旺』，一生都不會為錢煩惱。倘若生時好的話，有『火星』、『鈴星』進入子、午宮。雙料的『偏財運』就會爆發，一生都享用不盡。但是你的田宅宮是『同巨居陷』，房地產是留不住的。因此你是可能在存款上增加數目而已了。

◎『廉府坐命』的人，一生的『財庫』大致在三億元左右。

6 『紫微在子』命盤格式，『太陰坐命』巳宮的『財庫』

◎在『紫微在子』的命盤格式中，命宮是『太陰星』，而又坐命在巳宮的話，這是一個財星陷落的位置。你的外形較瘦，體弱。幼年時失怙失恃。與家中直系女性親屬不和，宜外出做公教職。

你的『財庫』有多大

◎**『太陰坐命』巳宮的人，若是男性**，在外頗受女性的歡迎，但總是吃女人的虧。若是女性，則與女性親友、同事不和。兩者都有感情困擾。

◎**『太陰坐命』在巳宮的人，財帛宮是『空宮』**，有『同巨陷落』相照。手邊流動的錢財少，且多是非問題，因此不可經商，否則也是一敗塗地。福德宮又是『同巨陷落』，也享受不到金錢所付與的物質享受。官祿宮是『陽梁居平』，貴人少，但是有，在文職上較有發展。金錢運始終不太好，要量入為出，小心的應付為妙。

◎**『太陰坐命』巳宮的人，其田宅宮為『武相』**，對宮有『破軍』相照，房地產為失去後再購置，也必須辛苦打拚才會有，屬於財庫破的一種。

◎**『太陰坐命』巳宮的人，其一生的『財庫』大致在五千萬元左右。**

◎倘若有『火、鈴』二星進入子、午宮形成暴發運，其『財庫』大致在七千萬元左右。

7 『紫微在子』命盤格式，『貪狼坐命』午宮的『財庫』

◎在『紫微在子』的命盤格式中，倘若你是『貪狼坐命』在午宮的話，你的外貌瀟灑俊秀，個子高大，有儒士的風範，一生也有很多好運。你在外面的環境順遂。但是你卻是一個不知足的人喲！你對金錢也不太會打理，有浪費的傾向，破耗很多。**所幸夫妻宮是『廉府』**。有極精明且人際關係良好的配偶幫助你處理財務問題。但是『貪狼坐命』者多晚婚，這真是太不智了！如此也耽誤了你擴大『財庫』的時機。

◎『貪狼坐命』者，本命就坐在『殺破狼』格局上，因此一生的起伏很大。若再有『火星』、『鈴星』同宮或相照，一生多次爆發『偏財運』的機會，讓你有『坐雲霄飛車』的感覺。

你的『財庫』有多大

◎**『貪狼坐命』午宮的人**，因父母宮為『同巨陷落』，兄弟宮為『太陰陷落』，朋友宮又是『天機居平陷』之位，朋友雖像手足，但是人來人往，知己難求。再加上『貪狼坐命』的人本性圓滑，與人若即若離的交友方式，也很難交結到為自己賣命的人。

◎**但是『貪狼坐命』午宮的人**，若是從軍警職，可坐高官厚祿，倒也成了一種最佳協調的人選。

◎**『貪狼坐命』午宮的人，其財帛宮為『破軍得地』，其福德宮為『武相』在申宮。**經過你手中的錢財，常有浪費的傾向，而且耗財很多。雖然你努力的打拚很辛苦，只能求得平順而已，錢財留不住是一個困擾。倘若有『偏財運』的爆發，你倒是可以快樂個一、兩年的。

◎**『貪狼坐命』在午宮的人，你一生的『財庫』約在五億元之譜。**

8 『紫微在子』命盤格式，『同巨坐命』未宮的『財庫』

◎在『**紫微在子』的命盤格式中，倘若你是『天同、巨門』坐命在未宮的話**，你的個子不高、瘦型。幼年坎坷不順。倘若有『火星』、『鈴星』同宮或相照，臉上有異痣。在命盤三合處有『羊、陀、殺、破』等煞星、流年逢之會有火厄。且大小限，三合湊殺、在外有性命之憂。

◎**『同巨坐命』未宮的人，一生的口舌是非較多**，辛勞不免。若有『昌曲、左右、魁鉞』同宮或照會，為懶惰受享福的人，長相較俊俏，並以相貌為生計的財源。

◎**『同巨坐命』未宮的人**，只與父母和子女緣份較佳，朋友運也不錯。兄弟宮為『貪狼』入宮，會因兄弟而蒙受損害，兄弟緣份不佳。

夫妻宮是『太陰陷落』，會有配偶間不好相處，及妻子早逝的問題出現。因此除了朋友，好像沒有親人能給你幫助了。

◎『同巨坐命』未宮的人，財帛宮是『空宮』，對宮『陽梁居平』相照。辛苦勞碌操心去生財。但『陽梁』二星皆不主財，故能賺到的錢也不多。因為『陽梁』居福德的關係，你也能滿足現狀的過日子了。官祿宮是『天機平陷』，和對宮的『太陰陷落』相照，你在事業上所獲得的官位不高，薪水也不多，故需小心計劃的過日子，到老時才會有自己的房產。

◎『同巨坐命』未宮的人，你一生的『財庫』總值大約在六千萬元之譜。

9 『紫微在子』命盤格式，『武相坐命』申宮的『財庫』

◎在『紫微在子』的命盤格式中，倘若你是『武曲、天相』坐命在申宮的人，你有中等的身材、略胖。你是最佳的幕僚人才，若能加會吉星，如『昌曲、左右、魁鉞』等星，會是財官雙美的局面。但是對宮有『破軍』相照，仍是有『因財被劫』的困擾，耗財、劫財都很多。

◎『武相坐命』申宮的人，除了父母較有緣之外，兄弟、夫妻、子女皆緣淺，對自己沒有助益。朋友宮也是不好，不容易找到好朋友及屬下幫助自己的事業。一切都得靠自己打拚才行。

◎『武相坐命』申宮的人，財帛宮是『廉貞、天府』。其賺錢的方式，是一種經過腦力營謀所賺來的錢。一生辛苦至老年可享清福。其官祿官為『紫微居旺』，可知其辛勤努力的結果，可做公司或機構部門的負責人。

◎**『武相坐命』的人**，喜愛衣、食。可從事此類的生意，獲財較多。但是『武相坐命』申宮的人，田宅宮為『天機星居平陷』，房產留不住，且常愛搬家，這等於是『財庫』破了，要小心錢財留不住。

◎**『武相坐命』申宮的人，一生的『財庫』總值，大約在二億元左右**，壬年生有『武曲化忌』在命宮的人，官祿宮有『擎羊』，福德宮有『陀羅、七殺』，故財少，只有一億左右。

◎**倘若，有『火星』、『鈴星』在子、午宮進入**，你則會在子、午年爆發『偏財運』增加你的財富，『財庫』約三億左右。

10 『紫微在子』命盤格式，『陽梁坐命』酉宮的『財庫』

◎在『紫微在子』的命盤格式中，倘若你是『太陽、天梁』坐命在酉宮的人。因雙星居平陷的關係，你的『陽梁昌祿』格並不很旺，因此你要從官職，成就並不高。

◎『陽梁』亦不主財，因此你從商也不適宜。再加上你的財帛宮為『太陰陷落』，進財的問題很困難，若再有『化忌』同宮，錢財的是非更纏繞著你，讓你困苦不堪。

◎『陽梁坐命』酉宮的人，其官祿宮為『空宮』，對宮『同巨居陷』相照，故事業不順，是非較多。

◎『陽梁坐命』酉宮的人，六親中只有兄弟在物質上會給予幫助。其他像父母、配偶、子女都不得力。朋友因為三教九流都有，也多是破耗你的『財庫』，沒有助力。

◎倘若有『火星』、『鈴星』進入子、午宮時，你在子、午年會爆發『偏財運』，也會為你帶來一筆大財富。

◎『陽梁坐命』酉宮的人，雖然手中的錢財少，但是會得到祖上遺留下來的房地產(但不一定值錢)，因此『財庫』還是有一點的呢！但是卻是個無法享福的人。

◎『陽梁坐命』酉宮的人，你一生的財富大約在一、二億元左右。

11 『紫微在子』命盤格式，『七殺坐命』戌宮的『財庫』

◎在『紫微在子』的命盤格式裡，倘若你是『七殺坐命』戌宮的人，你的個子不高，但是身體精壯，兩眼大而有神，很有謀略。但是

『七殺坐命』者必須歷盡艱辛與努力才會成功。

◎**『七殺坐命』戌宮的人**，有好的兄弟、朋友。配偶也賢淑感情好。只有和父母與子女較難溝通或有父母早逝的問題。所以在人生的際遇及進財方面，結婚以後是可以得到助力的。

◎**『七殺坐命』戌宮的人，其財帛宮為『貪狼』**，一生有許多得到好運的機會，倘若有『火星』、『鈴星』進入財、福二宮，更是橫發財富更大。成為名符其實的『暴發戶』。其福德宮為『紫微』。可見其人是有這個福份來享受這個暴發運的了。

◎**『七殺坐命』戌宮的人，官祿宮為『破軍』**，從軍警職很好，否則做運輸、市場等，在雜亂的環境中有組織性的行業較佳。

◎**『七殺坐命』戌宮的人，田宅宮是『同巨陷落』相照**。房地產不易留存、縱使有，也是是非糾纏不清，給你帶來煩惱，也算是『財庫』不好了。所以你就算是爆發了多次的『偏財運』，暴起暴落的狀況也時常出現，最後『財庫』也未必會留存。你一生的起伏也不能說不大了。

◎『七殺坐命』戌宮的人，你一生的『財庫』大致在二億元之譜。

12 『紫微在子』命盤格式，『天機坐命』亥宮的『財庫』

◎在『紫微在子』的命盤格式裡，倘若你是『天機坐命』在亥宮的人，你的個子不高，較瘦。對宮『太陰陷落』對你的影響很大，使你和女性都有無法親近的困難。倘若再有『太陰化忌』，無論男女，都有感情困擾及『財庫』不豐的問題。

◎『天機坐命』亥宮的人，除了與兄弟手足間較難相處，爭吵較多。你有很具有高學養氣質的父母，及好的配偶和子女，朋友的關係也不錯。只是倘若你是女性的話，在同性之間較相處不易。其他的人都是

你的『財庫』有多大

給你助力的。

◎**『天機坐命』在亥宮的人**，你可以從公職，在文職上發展較有前途。你的財帛宮是『同巨居陷』，財運不佳，手中流動的錢財少，且多是非麻煩，故不可做會計人員，否則只會自找麻煩。你的福德宮是『同巨相照』，可享的福不多，終身辛勞且是非不斷，讓你煩惱。

◎**『天機坐命』亥宮的人**，你的田宅宮是『破軍』，這真是『財庫』破了，縱有祖上遺留房產給你，也較難留住，你只有找你的配偶或子女來幫你留住錢財。

◎**『天機坐命』亥宮的人，你一生的『財庫』大約在五千萬元之譜。**

◎**倘若有『火、鈴』二星進入子、午宮會爆發偏財運，『財庫』略多一點，在一億元上下。**

2.紫微在丑

廉貞(陷) 貪狼(陷) 巳	巨門(旺) 午	天相(得) 未	天同(旺) 天梁(陷) 申
太陰(陷) 辰			武曲(平) 七殺(旺) 酉
天府(得) 卯			太陽(陷) 戌
寅	紫微(廟) 破軍(旺) 丑	天機(廟) 子	亥

1 『紫微在丑』命盤格式，『天機坐命』子宮的『財庫』

◎在『紫微在丑』的命盤格式中，你若是『天機坐命』的人，又在子宮的話，因對宮有『巨門』相照，辦事能力條理分明，口才好。但是也多惹是非，使自己忙碌不堪。

◎『天機坐命』子宮的人，你的六親宮都相處不好。兄弟宮是『空宮』，對宮『廉貪陷落』，關係很差。夫妻宮為『太陽陷落』，為晚婚或不婚，即使結婚，也有男方早逝的問題。子女宮『武殺』入宮，『因財被劫』也是無緣、處不好。父母宮是『紫微、破軍』，父母對你較好，但是彼此相剋，仍是衝突不斷。『天機星』的人很聰明，常有不服管教的情況發生。

◎『天機坐命』子宮的人，本命星就坐在『機月同梁』格上，故多為固定的上班族或公務員。其官祿宮，因是『太陰陷落』，所得到的薪水也不會很高。其財帛宮為『天同居旺、天梁陷落』。『同梁』本不主財，在進財的部份也沒有貴人助其生財。再加上『同梁』照會福德宮，縱然其『身宮』落於財帛宮，非常愛財，但是只是辛苦勞碌白忙而已，得財不多，**因『同梁』照會福德宮，正事不做，喜愛管他人閒事，**對自己沒有助益。

◎**『天機坐命』子宮的人，其『陽梁昌祿』格中的『太陽、天梁』都居陷**，故其要靠考試晉陞較為不利。因為沒有主貴的因子，所以對讀書也沒有興趣了。

◎**『天機坐命』子宮的人，唯一好的就是田宅宮為『天府』**。房地產放在『財庫』中很保險，因此『天機坐命』子宮的人，若想積蓄錢財，可買房地產來保值。**但是也要注意對宮『武殺』的『因財被劫』的**

影響，流年不好，也會失去一些房地產。

◎『天機坐命』子宮的人，你一生的『財庫』大約在九千萬元至一億元之間。

2 『紫微在丑』命盤格式，『紫破坐命』丑宮的『財庫』

◎在『紫微在丑』的命盤格式中，倘若你是『紫微、破軍』坐命在丑宮的人，你的身材矮壯、做事很有衝勁，也能得到別人的尊敬。你身上的傷痕纍纍，有破相的情況發生，一生大小傷痕無數。但是你在外面所遇到的環境，卻是福星高照的。

◎『紫破坐命』丑宮的人，你的兄弟宮是『天機廟旺』，尚有可幫助自己的兄弟手足，但是對宮『巨門』相照的影響，是非口舌太多。**夫妻宮是『空宮』**，對宮『廉貪陷落』，故夫妻間始終處不好，有離婚及多次再婚的可能。**子女宮是『太陽陷落』**，故與兒子無緣。**父母宮是『同梁』相照**，因『天梁陷落』的關係，得不到好的照顧，只是父母溫和相待而已。由此可見『紫破坐命』丑宮的人，想從家庭關係上得到錢財助益是極少的了。

◎『紫破坐命』丑宮的人，其官祿宮是『廉貪陷落』，所從事的職位不高。**其財帛宮是『武殺』有『因財被劫』問題**，必須辛苦的付出勞力，與天爭財，且耗財很多。**所幸福德宮是『天府』**，自己享用錢財還很多，物質享受好。

◎『紫微坐命』丑宮的人，其田宅宮是『太陰陷落』，『財庫』貧窮，守不住財，倘若房地產是登記你的名字，一定是留不住的，要移往他人名下較好。

◎『紫破坐命』丑宮的人，你一生的『財庫』，大致一億至二億元之譜。

3 『紫微在丑』命盤格式，『空宮坐命』寅宮的『財庫』

◎在『紫微在丑』的命盤格式中，倘若你的命宮在寅宮，而又是『空宮』的話，因對宮有『天同、天梁』相照。你的個性溫和、心地善良、思想清高，但常常『人在福中不知福』的自尋煩惱。

◎坐命寅宮為『空宮』的人，你有很好的父母宮，父母有錢會照顧你。**夫妻宮為『天機廟旺』**，配偶間男性較年長。因『巨門』相照的關係，口舌爭執不少，但感情仍是不錯。與兄弟及與子女相處較差。

◎坐命寅宮為『空宮』的人，有『同梁』相照，為人較愛享福，不愛管自家的事，專忙碌別人家的閒事，因此朋友間的是非、麻煩不斷。對賺錢的事較不努力。

◎坐命寅宮為『空宮』的人，你的財帛宮是『太陽陷落』、福德

宮又是『太陰陷落』，可見你每日如日月般的忙碌，所獲並不多。你的事業宮有『巨門』，所賺的錢，以口才為業。工作上所帶來的是非麻煩也不少。你的田宅是『廉貪陷落』，可見『財庫』不多，也守不住。自己只是操勞，物質享受不豐。

◎坐命寅宮為『空宮』的人，你一生的『財庫』只有五千萬元之譜。

◎甲年生的人有『祿存』在命宮，『財庫』會多一些，有二億元左右。

4 『紫微在丑』命盤格式，『天府坐命』卯宮的『財庫』

◎在『紫微在丑』的命盤格式裡，倘若你是『天府坐命』在卯宮的人，你的個性保守。『財庫星』坐命卯宮只是『得地』而已，對宮

『武殺』的影響，你必須勞碌去生財，也常有『因財被劫』存不住財或過於忙碌的現象。

◎**『天府坐命』卯宮的人**，你在幼年時就可能失去母親，或與母親不和。夫妻的關係也不理想，若娶年長之妻、夫妻間的歲數差距大較好。與子女的關係還不錯。與朋友、兄弟的關係良好，但助力不大。因此要靠你自己打拚奮鬥，才會有成功的一天。

◎**『天府坐命』卯宮的人**，你的財帛宮是『空宮』，對宮有『廉貪陷落』相照，手中流動的錢財不穩定，時好時壞。福德宮即是『廉貪』入宮，你終身辛苦勞碌，享受不多。

◎**本來『天府坐命』的人，是很注重物質享受的，但是你卻過得辛苦。**所幸你的『機月同梁』格在三合處形成的很完整，再有『祿存』、『化祿星』來會。你做固定的上班族，或公務員，會有很好很穩定的表現，在錢財上也可鬆一口氣了。

◎『天府坐命』卯宮的人，你的官祿宮是『天相』，應證了前面的話。田宅宮是『巨門居旺』，按部就班，一點點的積蓄，房地產也會稍多，這也是你的『財庫』，是唯一可留住錢財的地方。

◎『天府坐命』卯宮的人，你一生的財富約在一、二億元之間。

5 『紫微在丑』命盤格式，『太陰坐命』辰宮的『財庫』

◎在『紫微在丑』的命盤格式裡，倘若你是『太陰坐命』在辰宮的人，『太陰』在這個位置是陷落的。因此，你自小與直系女性親屬相剋，與母親無緣，處不好。因對宮又是『太陽陷落』相照和父親的關係也不妙，由你的父母宮『廉貪陷落』，也可看出六親的關係中，你和兄弟及配偶的關係較佳，兄弟會給你物質的資助。

◎**『太陰坐命』辰宮的人**，本命就是財星落陷，與錢財的機緣不深。故你必須遵循『機月同梁』格，帶給你的人生指引，從事固定的上班族或公教人員之流，才不會在流年不佳時，有財務的困難。

◎**『太陰坐命』辰宮的人**，終身是勞碌辛苦較多，無福可享的。也常常徒勞無功。所幸的是固定的領薪方式，讓你生活安泰，還可賺得房產。這也算不錯了，田宅宮（財庫）是『天相福星』，一點一滴都留存了下來。

◎**『太陰坐命』辰宮的人，你一生的『財庫』大約在七、八千萬至一億元之譜。**

6 『紫微在丑』命盤格式，『廉貪坐命』巳宮的『財庫』

◎**在『紫微在丑』的命盤格式中，倘若你是『廉貞、貪狼』坐命**

你的『財庫』有多大

在巳宮的人，因雙星在巳宮俱為陷落，人際關係不佳，一生多顛沛勞碌，從事軍警職較佳。

◎**『廉貪坐命』巳宮的人，六親宮中**，夫妻間與子女間的關係較好，配偶較多財，子女也乖巧。但是與父母、兄弟、姐妹的關係較差。在男性的朋友間也處於不利的地位。因此只有配偶對你的財運有助力。

◎**『廉貪坐命』巳宮的人，其財帛宮是『紫破』入宮**，手邊的錢財流動順暢。**福德宮又是『天相福星』**，享受很好，但是耗財較多，有一些浪費的習慣。**其官祿宮為『武殺』**，從軍職最好。**其田宅宮為『同梁』入宮**，會失去不動產後再慢慢增加。由此可見，『財庫』仍是有財的。

◎**『廉貪坐命』巳宮的人，你一生的『財庫』，約在九千萬至一、二億元之譜。**

7 『紫微在丑』命盤格式，『巨門坐命』午宮的『財庫』

◎在『紫微在丑』的命盤格式中，倘若你是『巨門坐命』午宮的人，因對宮『天機星』的影響，你一生的際遇是時有變化的。**『巨門坐命』的人，多靠嘴吃飯。**因為在此命局中，『機月同梁』格在三合處形成的很完整，所以你從事教職，或民意代表、公職，都會有很好的前途。

◎『巨門坐命』午宮的人，六親中除了父母及子女的緣份較佳。兄弟宮與夫妻宮和朋友宮都不好。若是男子會有妻子早逝或不好相處的情況發生。因此在家庭和朋友對其財運的助力上，是得不到幫助的。

◎『巨門坐命』午宮的人，其官祿宮是『太陽陷落』，有貴而不顯的狀況。**其財帛宮是『同梁』相照**，白手起家，平順而已（『同梁』

不主財）。**福德宮又為『同梁』入宮**，顯然喜忙碌，但是安逸快活過一生。**田宅宮是『武殺』入宮，『因財被劫』**，故『財庫』破了，努力拼命，但存不住房產，**除非是辛年生的人有『祿存』在田宅宮才會有房產**，『財庫』會較大。

◎一般『巨門坐命』午宮的人，你一生的『財庫』在六千萬至二億元左右。

8 『紫微在丑』命盤格式，『天相坐命』未宮的『財庫』

◎在『紫微在丑』的命盤格式中，倘若你是『天相坐命』未宮的人，因對宮是『紫破』相照，你在外面的環境，非常利於你的打拼，但也容易讓你身體受傷。你很能刻苦耐勞，若得『昌曲、左右』等吉星同宮或相照，是『財官雙美』的格局。若有『羊陀、火鈴』同宮或照會的話，福星逢煞，成就稍遜。

◎**『天相坐命』未宮的人，其六親宮中**，以和父母的關係稍好，其他如和兄弟間的是非口舌多。與配偶的關係壞，有多次婚姻的紀錄。親子關係也不好。因此家庭對其人的影響是只有拖累，沒有助力的。

◎**『天相坐命』未宮的人，其官祿宮是『廉貪』相照**，職位不高，但是卻忙碌異常。**其財帛宮為『天府星』，福德宮為『武殺』**，其手邊流動的錢財不少，但是自己享用不到，且辛苦勞碌奔波，且『因財被劫』，耗財較多，這種格局，最好做金融機構的收款員。

◎**『天相坐命』未宮的人，其田宅宮是『太陽陷落』**，這是一種至老年房產漸漸減少的趨勢，『財庫』愈來愈縮水了。

◎**『天相坐命』未宮的人，你一生的『財庫』，大約在一、二億元之譜。**

9 『紫微在丑』命盤格式，『同梁坐命』申宮的『財庫』

◎在『紫微在丑』的命盤格式裡，倘若你是『天同、天梁』坐命在申宮的人，你的個性、溫和、善良、清高。較喜歡追求內在修養的昇華，不喜歡俗氣的事務。你和兄弟相處得很好，其他的親人如父母、配偶、子女緣份較差。朋友也讓你常破財。因此只有兄弟手足對你的財運有助力。

◎『同梁坐命』申宮的人，其官祿宮為『天機廟旺』，這是『機月同梁』格中的一顆星，故你從公職或固定的上班族較佳。

◎『同梁坐命』申宮的人，你的財帛宮是『太陰財星居陷』，手中流動的財少，常感拮据。福德宮是『太陽陷落』，一生勞碌不停，也享受不到富有的生活。其田宅宮有『廉貪陷落』相照，房產也無緣。故從事公職，說不定有公家宿舍可住，也可減少住的困擾了。

◎『同梁坐命』申宮的人，你一生的『財庫』在五千萬至二億元之譜。

10 『紫微在丑』命盤格式，『武殺坐命』酉宮的『財庫』

◎在『紫微在丑』的命盤格式中，倘若你是『武曲、七殺』坐命在酉宮的人，你的個性很急，有膽識、有謀略，年幼時過得較辛苦，年長時較好，『武殺』坐命酉宮，『因財被劫』，你是有些小氣的。

◎『武殺坐命』酉宮的人，幼年時與父親無緣，可能父親早逝或是與父親感情不佳。與兄弟、配偶的感情較好。與朋友也相處愉快。

◎『武殺坐命』者的官祿宮是『紫破』廟旺，只要努力打拚必有所成。**其財帛宮是『廉貪陷落』**，手邊的財不多，流年不好時，又逢

『羊刃』相照或同宮，會有『因財持刀』的事情發生。

◎『武殺坐命』的人一生勞碌，無法享福。**其田宅宮是『天機居廟』**，但是也會失去不動產後再購置，因房地產帶來是非麻煩也不少，而且你也是常愛搬家的人。

◎『武殺坐命』酉宮的人，你一生的『財庫』大約在七千萬至一億元之譜。

11 『紫微在丑』命盤格式，『太陽坐命』戌宮的『財庫』

◎在『紫微在丑』的命盤格式裡，倘若你是『太陽坐命』在戌宮的人，其對宮相照的『太陰星』亦是居陷，此為『日月反背』的格局，一生勞祿，多招是非，眼目有疾，離鄉發展較吉。

◎『太陽坐命』戌宮的人，其配偶、子女與其有緣份，感情好。幼年時坎坷，父母、兄弟皆無緣，因此年少時較無法感受家庭的溫暖。

◎『太陽坐命』戌宮的人，其官祿宮是『同梁相照』，必須自己白手起家。其財帛宮又是『巨門居旺』。多在是非混亂中求財，財運起落很大，一生勞碌，無福可享。

◎其田宅宮為『紫微、破軍』。『財庫』雖豐，仍有破洞，房地產進進出出，會賣掉後再購置。

◎『太陽坐命』戌宮的人，你一生的『財庫』總值在七千萬至二億元左右。

◎庚年生的人有『太陽化祿』在命宮，癸年生的人有『祿存』在福德宮，『財庫』稍多，有三億元以上。

12 『紫微在丑』命盤格式，『空宮坐命』亥宮的『財庫』

◎在『紫微在丑』的命盤格式裡，倘若你是命宮居亥，而又是

『空宮』的人，因對宮有『廉貪陷落』相照。你一生勞碌，東忙西忙的，從事軍警、保安最好。

◎坐命亥宮為『空宮』的人，你幼年時受到父母的良好照顧，老年時有子女奉養，命不能說不好了。只是兄弟不和，配偶相刑剋，朋友間的關係也不佳，很難助你生財。

◎坐命亥宮為『空宮』的人，你的官祿宮是『天府』，可見工作上能賺不少錢。**你的財帛宮是『天相』**，手邊進出的錢財，剛好夠用。但是你仍愛賺錢，因為浪費及花費龐大的關係。

◎坐命亥宮為『空宮』的人，你的田宅宮是『同梁』入宮，房產要靠你自己賺，因為你會將父母給你的祖產賣掉。然後再白手起家。

◎坐命亥宮為『空宮』的人，你一生的財富為七千萬至一億元之譜。

◎壬年生的人有『祿存』在命宮，『財庫』稍多，有一億元以上。

3.紫微在寅

巨門(旺) 巳	廉貞(平) 天相(廟) 午	天梁(旺) 未	七殺(廟) 申
貪狼(廟) 辰			天同(平) 酉
太陰(陷) 卯			武曲(廟) 戌
紫微(旺) 天府(廟) 寅	天機(陷) 丑	破軍(廟) 子	太陽(陷) 亥

1 『紫微在寅』命盤格式，『破軍坐命』子宮的『財庫』

◎在『紫微在寅』的命盤格式中，倘若你是『破軍坐命』子宮的人，你的身材不高，眉寬，背厚，個性剛烈，很能刻苦耐勞。因對宮『廉相』相照，很有才能。若是甲年、癸年生的人為『英星入廟』格，官資清顯，可做高官。

◎『破軍坐命』子宮的人，你與父母、兄弟都處不好，配偶雖然剛直，脾氣烈，但能給你帶來財富。朋友間是非的問題很多，倒不見得能為你生財有助益。

◎『破軍坐命』子宮的人，你的財帛宮是『七殺』。福德宮是『紫府』。可見你很會拼命賺錢，而自己又很會享受。

◎『破軍坐命』的人，你的官祿宮是『貪狼』，辰、戌年與對宮相照的『武曲』，形成『武貪格』會爆發『偏財運』。這個旺運是發在事業上的，也讓你獲得許多錢財。

◎『破軍坐命』子宮的人，你的田宅宮是『太陰陷落』，你要小心了！流年不好，『暴起暴落』的現象也會隨著『偏財運』的興起而一再重演。你的本命就坐在『殺、破、狼』格局上，所以你一生的際遇變化也是非常大的。

◎『破軍坐命』子宮的人，你一生的『財庫』有二億元之譜。

2 『紫微在寅』命盤格式，『天機坐命』丑宮的『財庫』

◎在『紫微在寅』的命盤格式中，倘若你是『天機坐命』丑宮的人，因『天機』在丑宮為落陷的關係，幼年坎坷不好養。『天機陷落』故不聚財，宜為人服務，不可自己經商。

◎『天機坐命』丑宮的人，六親宮中以父母對你最好。父母富有，會給你很多好的物質支援，其他如兄弟、配偶子女都較難相處。

◎『天機坐命』丑宮的人，在辰、戌年時，也會因『武貪格』爆發偏財運。這爆發在事業上的好運，你要好好把握。但是因為你對錢財的運用及處理不夠精明，能享受到這種好運是不夠持久的。

◎『天機坐命』丑宮的人，你的財帛宮是『天同居平』，與福德宮的『太陰陷落』相照，你進財的方式常常徒勞無功，忙碌異常，自己本身又享受不到太多的財富。事業上又多是非麻煩，讓你煩亂。你對房地產的緣份很低。縱使有『暴發運』，你也很難留住錢財。薪水階級，為人經營，是你最好的寫照了。

◎『天機坐命』丑宮的人，你一生的『財庫』約在五千萬元之譜。乙年生的人，命宮有『化祿』，福德宮有『祿存』，『財庫』有達二億元左右。

3 『紫微在寅』命盤格式，『紫府坐命』寅宮的『財庫』

◎在『紫微在寅』的命盤格式中，倘若你是『紫微、天府』坐命，而又坐在寅宮的話。你很有才智，小心謹慎、個性保守，頗具有領導力。但是你幼年身體遭傷，或是家庭有缺陷（母親早逝、離開等等）。

◎『紫府坐命』寅宮的人，你的六親宮中皆不算好，父母、兄弟、子女緣份不深，配偶亦有再婚的現象。家中是非較多不寧靜。對你的財運沒有助力。

◎『紫府坐命』寅宮的人，你的財帛宮是『武曲財星』、和福德宮的的『貪狼』形成『武貪格』，若沒有『羊、陀』來會，會爆發極大的『偏財運』。你一生在錢財上有多次的好運。但是你仍然喜歡勞碌，而且不太知足。在辰年的爆發運裡你還可儲存錢財，在戌年的暴發運裡，就不算幸運了，因為次年走『太陽陷落』的運，再下一年走『破軍』的運程，錢財一定會破耗光的。

◎『紫府坐命』寅宮的人，你的官祿宮是『廉相』，所以你任職公家機關或大企業裡，會有很多的表現機會。**你的田宅宮是『巨門居旺』**，錢財接踵而來，房地產會購置很多。

總體來說，『紫府坐命』的人，因本命就是『祿庫星』又是田宅主，財運好，『財庫』豐盈是肯定的了。

◎『紫府坐命』寅宮的人，你一生的『財庫』，要看你父母祖上的家產是否富有。一般的家庭出身的人，也都有至少三億左右的『財庫』。倘若你生在富裕的家庭，你一生的『財庫』可達數十億至百億之多。

4 『紫微在寅』命盤格式，『太陰坐命』卯宮的『財庫』

◎**在『紫微在寅』的命盤格式裡，倘若你是『太陰坐命』在卯宮的人**，因為『太陰』在卯宮為陷落，對宮又有『天同居平』的影響，你自小與母親無緣，離家出外工作，或過繼他人。倘若有『祿星』（祿存或化祿）、『文昌』、『文曲』、『左輔』、『右弼』、『天魁』、『天鉞』六吉星照會，生活上較可平順。倘若有『羊、陀』或『殺星』照守，會勞碌奔波，且身體遭傷。『太陰』遇『羊刃』，流年不好，會想不開自殺。

◎**『太陰坐命』卯宮的人**，你除了和兄弟較有緣份，且兄弟會提供你金錢資助外，你與父母、配偶、子女的關係都不佳。也很難從家庭中得到財運的助力。

◎**『太陰坐命』卯宮的人，你的財帛宮是『太陽陷落』，對宮『巨門』相照**，賺錢運不是很好，且多是非口舌，讓你勞碌奔波，常有徒勞無功的情況發生，享不到福。

◎**『太陰坐命』卯宮的人，你的官祿宮是『天梁居旺』**。倘若你的本命宮裡又有『文昌』、『文曲』同宮，你是非常適合做命理行業的人。當你的流年走到兔年、羊年時，你就可能會入行。

◎**『太陰坐命』卯宮的人**，在辰戌年時也會爆發『偏財運』，但是對錢財不會算計的你，很快的就會暴起暴落了。

◎**『太陰坐命』卯宮的人，你一生的『財庫』，大約在五千萬至一億元之譜。**

5 『紫微在寅』命盤格式，『貪狼坐命』辰宮的『財庫』

◎在『紫微在寅』的命盤格式中，倘若你是『貪狼坐命』辰宮的人，因為你的本命在『殺破狼』的格局上，一生變化起伏很大。又因本命坐在『武貪格』的暴發運上，一生好運很多。

◎『貪狼坐命』辰宮的人，你的六親宮中，與父母的關係淡薄，與姐妹兄弟緣薄，子女也不好教養，只有和配偶感情好，可相互為助力，幫忙你生財。

◎『貪狼坐命』辰宮的人，你的官祿宮是『七殺』，與『紫府』相照，你在事業上必須極度的打拚，會有很好的成績。**你的財帛宮是『破軍』**，你很能努力賺錢，但也有浪費的習性，破耗很多。但是你卻能安享你的財富，這是你幸運的地方。**田宅宮是『天梁居旺』**，不但會擁有祖產，自己也購置很多。因此擁有很好的『財庫』，你可以將錢財多購置房地產，以減少金錢上的耗費。

◎**『貪狼坐命』辰宮的人**，你也是在辰年、戌年爆發『偏財運』獲得很大的財富。

◎**『貪狼坐命』辰宮的人，你一生的『財庫』在三至五億元以上。**

6 『紫微在寅』命盤格式，『巨門坐命』巳宮的『財庫』

◎**在『紫微在寅』的命盤格式中，倘若你是『巨門坐命』在巳宮的人**，因對宮為『太陽陷落』，幼年命運多舛，可能會遭遺棄。倘若是辛年生的人，會有『巨門化祿』，可靠口才吃飯。再有『紅鸞』、『天姚』等的桃花星，及『昌、曲、左、右、魁、鉞』等六吉星加會。可在娛樂圈成為知名的演員。倘若你是癸年生的人，有『巨門化權』，事業上亦可有大成就。

◎『巨門坐命』在巳宮的人，你的六親都不好。可能會遭兄弟拖累，與妻子處不好，或是妻子早逝，不過子女較有出息，晚年時他們會奉養你。

◎『巨門坐命』巳宮的人，你的財帛宮是『天機陷落』，財運不穩定起伏很大，辰戌年爆發『偏財運』。流年不好，也會經濟拮据。不過你倒是個清閒會享福的人。

◎『巨門坐命』巳宮的人，你的官祿宮是『天同居平』，有『太陰陷落』相照，倘若你做公務員或上班族，是既忙碌又賺不到什麼錢，你的財運是不太好的。但是只要你努力打拚，仍會有房地產。

◎『巨門坐命』巳宮的人，你一生的『財庫』大約在四、五千萬

元之譜。有『祿存』、『化祿星』、『化權星』加會，一生的『財庫』可增至一、二億元左右。

7 『紫微在寅』命盤格式，『廉相坐命』午宮的『財庫』

◎**在『紫微在寅』的命盤格式中，倘若你是『廉相坐命』在午宮的人**，宜服務公職，會成為管理階級的人員。因對宮『破軍』的影響做事很積極，且刻苦耐勞。但是身上易受傷，及破耗多。

◎**『廉相坐命』午宮的人，有慈愛的父母照顧**，兄弟、配偶、子女較緣薄，不好相處。朋友宮也不好，易遭忌或被出賣。因此只有得到父母親在財運上的助力。

◎**『廉相坐命』午宮的人，你的官祿宮是讓你會爆發好運的『武貪格』**，因此你的財運亨通。財帛宮又是『紫府』入宮，『天府』是祿庫星、一生的錢財無數，是最好的財運格式了。但是你的福德宮是『七殺』，一生都在勞碌打拚中，你是根本享不到福的了。田宅宮又是『天同居平』，有太陰財星陷落相照，房地產留也留不住，『財庫』破了洞，這是非常可惜的。你要將房屋寄在可信賴的人的名下，以求自保。

◎『廉相坐命』午宮的人，你一生的『財庫』有三至五億元之多。

8 『紫微在寅』命盤格式，『天梁坐命』未宮的『財庫』

◎在『紫微在寅』的命盤格式中，倘若你是『天梁坐命』未宮的人，你有正直的心胸和清明的頭腦，因對宮是『天機居陷』的影響，在外並不順利，因此你必須勞碌，以求排除困難。

◎『天梁坐命』在未宮的人，倘若在你的命宮之四方三合處，『陽梁昌祿』格形成的角度良好，會有高官厚祿及福壽雙全的好運。考試及升官的運氣都非常良好。

◎**『天梁坐命』未宮的人，你與家人相處都不太相合**，朋友三教九流都有，但是只有讓你破耗，助力不多。

◎**『天梁坐命』未宮的人，你的官祿宮是『太陽陷落』**，有『貴而不顯』的情況發生，你做公職人員的幕僚長會有很好的成績。你的財帛宮是『太陰陷落』，手中流動可掌握的錢財少，因此你是個忙碌的清官。

◎**『天梁坐命』未宮的人，你的田宅宮是『武曲居廟』**，因此你會得到祖先遺留給你的大產業，幸福快樂的過一生。

◎**『天梁坐命』未宮的人**，你在辰、戌年也會爆發『偏財運』，但是不精於理財的你，很快就會讓它溜走了。

◎**『天梁坐命』未宮的人，你一生的『財庫』約在三億至十億元左右。**

9 『紫微在寅』命盤格式，『七殺坐命』申宮的『財庫』

◎在『紫微在寅』的命盤格式中，倘若你是『七殺坐命』在申宮的人，『七殺』在申宮居廟旺，對宮『紫府』相照，此為『七殺朝斗格』，一生富貴。若再有『文昌、文曲、左輔、右弼、祿星』相會，財官雙美。

◎『七殺坐命』申宮的人，除了子女口角多、緣份薄之外，父母溫和、手足情深，配偶的能力強，互為助力。在財運的助力上可說是不小的了。

◎『七殺坐命』申宮的人，其官祿宮為『破軍』，很有開創及打拚的精神，從武職會有好的發展，文職不利。其財帛宮為『武貪格』的『貪狼』，一生在錢財上爆發無數的好運，若再有『火星』、『鈴星』

同宮或相照，會爆發雙重的『偏財運』。福德宮是『武曲財星居廟』，自己很能享受到好的物質生活。只有田宅宮是『太陽陷落』，在晚年時，眾多的房地產，一棟棟的賣掉，非常可惜。

◎『七殺坐命』申宮的人，你一生的『財庫』大約在一億至三十億元以上。

10 『紫微在寅』命盤格式，『天同坐命』酉宮的『財庫』

◎在『紫微在寅』的命盤格式中，倘若你是『天同坐命』在酉宮的人，因『天同』是居平，對宮又是『太陰陷落』相照，你是個既愛享福又多愁善感的人，但是你還是終日奔波忙碌，所獲不多。

◎『天同坐命』酉宮的人，你幼年時在家裡與兄弟、父母不和、結婚以後比較好。配偶、子女較有緣。朋友也是助你生財的好幫手。

◎**『天同坐命』酉宮的人**，你的官祿宮是『天機陷落』，事業上得不到大發展，而且常常變化多端，生活不穩定。你的財帛宮是『巨門居旺』，勞心費力賺錢，常有徒勞無功的狀況發生。且在錢財上多是非。你靠口才去賺錢（如做教師、推銷員、民意代表之類）較佳。

◎**『天同坐命』酉宮的人**，田宅宮為『破軍』。『財庫』破了，雖極力打拼，房產也不易留存。你的福德宮又是『太陽陷落』，不但忙碌奔波，過不到好日子，且眼目有傷，造成生活上的不便。

◎**『天同坐命』在酉宮的人，你的『財庫』大約在六千萬元之譜。癸年生的人有『化祿』和『祿存』在田宅宮，會有二、三億元的『財庫』。**

11 『紫微在寅』命盤格式，『武曲坐命』戌宮的『財庫』

◎在『紫微在寅』的命盤格式中，倘若是『武曲坐命』在戌宮的人。『武曲』在戌宮是財星居廟，對宮又是『貪狼』廟旺相照，不但財多，而且一生好運不斷。且在辰、戌年不時的爆發『偏財運』，更增加了你的財富。倘若再有『火星』、『鈴星』來會，雙重爆發運的機會，讓你的財富直逼王永慶了。

◎『武曲坐命』戌宮的人，除了有乖巧的女兒外，和家中其他的親人都緣份低。幼年時可能喪父或與父親不和。你的兄弟不得力，姊妹緣低，無法相處。你的配偶個性強，要各忙各的，較能減少磨擦。朋友與共事的人員裡，女性總是較難相處，造成你的致命傷，也無法幫你生財。

◎『武曲坐命』戌宮的人，本命就是坐在『武貪格』的爆發運

上，錢財的獲得，多爆發在事業上，**你的官祿宮又是『紫府』入臨**，故你是很有賺錢頭腦的，做任何事業都一定會賺錢！

◎『武曲坐命』戌宮的人，你的財帛宮是『廉相』，這是一種穩定的，很具有深思熟慮的進財方式，因此每一分錢都經過你奮力的策劃，去打拼回來的。奇怪的是，『武曲坐命』戌宮的人，雖有偏財運，但是他們都不屑去賺『不勞而獲』的錢財。他們對於簽牌、大獎之事卻加以排斥。因此他們的財富經過汗水的洗禮，可是穩穩當當留在自己身邊了。

◎『武曲坐命』戌宮的人，一生都操勞苦拼，不知享福。其田宅宮又是『天機陷落』，會失去全部的不動產後再購置。他們雖然有錢但要到老年才留得住房地產。

◎『武曲坐命』戌宮的人，一生的『財庫』，少的有一億，多的人在三億元以上。

12 『紫微在寅』命盤格式，『太陽坐命』亥宮的『財庫』

◎在『紫微在寅』的命盤格式裡，倘若是『太陽坐命』亥宮的人，因『太陽』在亥宮為陷落，你一生常感心胸煩悶。對宮又有『巨門』相照，是非很多。你本人的個性較強，見解獨特具有口才，但是辛勞奔波，比較辛苦。

◎『太陽坐命』亥宮的人，你的六親宮都不好，父母不易相處，尤其幼年不利於父親。兄弟個性剛強，配偶若是妻子的話也是緣淺。倘若是女性，較會有溫和忙碌的丈夫。子女宮是『七殺』，也是較難相處的。朋友中又多是非、叛主的朋友，讓你是非麻煩不斷，因此在財運上是不能給你助力的。

◎**『太陽坐命』亥宮的人**，你的事業宮是『太陰財星』陷落，賺不到太多的錢財，在工作上只求平順較好。你在辰、戌年也會遇『武貪格』爆發偏財運，但是有暴起暴落的現象，根本留不住財。你的福德宮又是『天機陷落』，辛苦勞碌，終身無法享受財富，因此你可以培養一些文藝、植花種草、飼養寵物的情趣，日子會過得較有趣。

◎**『太陽坐命』亥宮的人**，其田宅宮為『紫府』。這是他一生中最好的一個宮了，他可擁有祖上遺留給他的眾多房地產一生吃穿不愁。

◎**『太陽坐命』亥宮的人**，本身愛東想西想的，倘若再有『羊、陀』進入命宮或身宮、福德宮，流年不利，會有自殺的念頭，不得不防。

◎**『太陽坐命』亥宮的人**，你的『財庫』大致在一億元至五億元之譜，但是自己享用不多，這是祖產留給你的錢，最後又會留給子孫了。

『紫微在卯』命盤格式

4.紫微在卯

天相(得) 巳	天梁(廟) 午	廉貞(平) 七殺(廟) 未	申
巨門(陷) 辰			酉
紫微(旺) 貪狼(平) 卯			天同(平) 戌
天機(得) 太陰(旺) 寅	天府(廟) 丑	太陽(陷) 子	武曲(平) 破軍(平) 亥

1 『紫微在卯』命盤格式，『太陽坐命』子宮的『財庫』

◎在『紫微在卯』的命盤格式中，倘若你是『太陽坐命』子宮的人，因為對宮有『天梁居廟』相照，基本上這是一個『陽梁昌祿』格的形式。雖然『太陽居子』，給你帶來個性上的含蓄內斂，外表不顯眼。但是你還是『主貴』。倘若你的命宮在四方三合之處，又有『文昌』、『祿星』（祿存及化祿）來會，這個『陽梁昌祿』格就非常完整了，你可以在學術上有很好的發展。

◎『太陽坐命』子宮的人，你的六親宮中，你的父母是你的『財庫』。你的子女也將會有出人頭地的發展。你的兄弟宮，『因財被劫』較緣淺，處不好。夫妻宮因同巨相照，是非很多，要多忍耐可白首偕老。因此在助財生旺上，你的父母與子女較有助力。

你的『財庫』有多大

◎『太陽坐命』子宮的人，你的財帛宮是『空宮』，有『機陰』相照，這是『機月同梁』格的標準形式，你做公務員或大機構的管理階級人員最好了！**雖然你的官祿宮（事業宮）是『巨門陷落』**，帶給你許多的是非麻煩，但是以你溫柔婉轉的個性，是可以化解的。

◎『太陽坐命』子宮的人，你的田宅宮是『紫貪』。會繼承很多祖上留給你的房地產、財庫豐滿。自己一生也生活在享受知識的領域裡，快樂富裕的生活著。

◎倘若田宅宮裡又有『火星』、『鈴星』同宮或相照，更可獲得意想不到的房地產，這是『火貪』、『鈴貪』加『紫火』格局所爆發的雙重『暴發運』。**你一生的『財庫』有一至五億元之身價。**

◎『太陽坐命』子宮的人，倘若沒『火貪格』，普通來說，你一生的『財庫』，至少有一、二億元之譜。

2 『紫微在卯』命盤格式，『天府坐命』丑宮的『財庫』

◎**在『紫微在卯』的命盤格式中，倘若你是『天府坐命』丑宮的人**，『財庫星』居廟坐命，當然財多，一生富裕。但是在個性上有必須忙碌的跡象。

◎**『天府坐命』丑宮的人**，你與父母緣深，很能得到父母的關愛，但是彼此關係仍是陰晴不定。你與兄弟的感情欠佳，與姐妹的關係卻很好。你的夫妻宮是『武破』，會有離婚再婚的可能。子女尚稱乖巧，但彼此間吵吵鬧鬧、口舌是非多。相對的，你有家宅不寧的煩惱。

◎**『天府坐命』丑宮的人，你的官祿宮是『天相』**，有穩定高薪的收入。**你的財帛宮雖是『空宮』**，但有『紫貪』相照，倘若再有『火星、鈴星』來會，一生多次爆發『偏財運』勢在必行。**你的福德宮是**

『**紫貪**』，所以你非常會享受物質生活所帶給你的滿足感。

◎『**天府坐命**』**丑宮的人，你的田宅宮是『巨門陷落**』，雖然手中的錢財很多、房地產是留不住的。即使有，也會給你帶來是非困擾，讓你日夜辛苦勞碌，最後是財去人安樂。

◎『**天府坐命**』**丑宮的人，你一生的『財庫』在一至二億元之譜。**

3 『紫微在卯』命盤格式，『機陰坐命』寅宮的『財庫』

◎在『**紫微在卯**』**的命盤格式中，倘若你是『天機、太陰』坐命在寅宮的人**，你的個性溫柔體貼，外貌姣好，男性文質彬彬，女性柔美。男性易與女性接觸，女性為賢妻良母的典型。

◎『機陰坐命』寅宮的人，因你的本命就坐在『機月同梁』格上，故必為公務員或大機構工作的上班族。你做事按部就班很有條理，但是不可自己經商，否則血本無歸。

◎『機陰坐命』寅宮的人，你幼年很讓父母操心，彼此無法溝通，情感不算融洽，只要改善溝通方式，你的父母是對你有利的。你的兄弟在金錢物質上都會給你很大的幫助。你的配偶身份地位雖不高，但是很能照顧你的心情跟事業。他(她)是心地寬宏的人。

◎『機陰坐命』寅宮的人，你的官祿宮是『天梁居廟』，坐在『陽梁昌祿』格上，因此事業上的發展官運亨通，又有貴人相助，其前程是無可限量的。

◎你的財帛宮是『天同居平』，對宮有『巨門陷落』相照，你一生手邊運用的錢財少。**福德宮是『巨門陷落』**，辛苦勞碌終身，無福可享。若有『火星』、『鈴星』進入卯、酉宮，你在卯年、酉年時也可爆發偏財運。但是有暴起暴落的現象，你自己也享受不多。**你的田宅宮是『天相』**，衣食富足，固你可以將錢財多購置房地產，藉以保財。

◎『機陰坐命』寅宮的人，你一生的『財庫』，大約有一至三億元之譜。有特殊才藝及暴發運的人，『財庫』可有數十億之譜。

4 『紫微在卯』命盤格式，『紫貪坐命』卯宮的『財庫』

◎在『紫微在卯』的命盤格式中，倘若你是『紫微、貪狼』坐命的人，而又坐命在卯宮的話，你的個性爽直堅強，反應快，很有才幹，人緣特佳。因『紫貪』皆屬『桃花星』，會有感情上的困擾出現。

◎『紫貪坐命』的人，有好的兄弟、姐妹幫忙。與姐妹的感情尤佳。有緣份深厚感情好，又多財的配偶，你的配偶就是你的『財庫』。你與父母及兒子的感情差，緣份低，溝通不良。要是生女兒的話，反而感情較好，較有助力。

◎**『紫貪坐命』卯宮的人，你的官祿宮是『廉貞、七殺』**。做軍人或警察等武職非常適合你。**你的財帛宮是『武曲、破軍』**，『因財被劫』，破耗多，手邊流動的資金少，既使有，也很快的被花掉了，因為你有浪費的習慣。

◎**『紫貪坐命』卯宮的人，你的福德宮是『天相福星』**，是安享的一種局面，很注意衣食等的生活享受。**你的田宅宮是『天梁居廟』**，會得到祖上留下的眾多財產及房屋，命真夠好的了。

◎**『紫貪坐命』卯宮的人，因你的本命在『殺破狼』格局上**，一生起伏較大，家宅的聲譽不錯。倘若在卯、酉宮有『火星、鈴星』進入，會形成暴發運，但是卯、酉宮亦是『桃花敗地』，倘若有桃花事件，『暴發運』就會發得小，或根本不發了。

◎『紫貪坐命』卯宮的人，你的一生『財庫』的總值約在一億至三億左右。

5 『紫微在卯』命盤格式，『巨門坐命』辰宮的『財庫』

◎在『紫微在卯』的命盤格式中，倘若你是『巨門坐命』辰宮的人，因『巨門陷落』的關係，對宮『天同福星居平』，不能為福，故你的一生多遭是非口舌，倘若去做教職、新聞業，或民意代表的工作，較好，但也要小心，是非官禍的問題。因『機月同梁』格在三合處形成良好的角度，從公職或大機構上班較佳。

◎『巨門坐命』辰宮的人，你的六親宮都非常好，朋友的關係也不錯，對你生財的助力極大。

◎『巨門坐命』辰宮的人，你的官祿宮是『機陰』雙星，規矩的上班族，有助你財運的平穩。**你的財帛宮是『太陽陷落』**，因此你必須忙碌操勞的去賺錢。還好，有許多貴人給你助力，使你可以安享快樂愜意的生活。**你的田宅宮是『廉殺』**，祖產會給你帶來惡運，漸漸的你就對其失去興趣。不過你自己努力，也可賺得房地產。

◎在卯、酉宮若有『火、鈴』進入，卯、酉年也會爆發『偏財』旺運。但是次年即暴起暴落，不太能留得住。

◎『巨門坐命』辰宮的人，你一生的『財庫』約在五千至一億元之譜。

你的『財庫』有多大

6 『紫微在卯』命盤格式，『天相坐命』巳宮的『財庫』

◎在『紫微在卯』的命盤格式中，倘若你是『天相坐命』在巳宮的人，因對宮是『武破』相照，你一生注重生活享受，花費大，但擅理財務。個性上不拘小節，做公務人員最好！

◎『天相坐命』巳宮的人，你擁有非常照顧你的父母。與兄弟是非較多，處不好。夫妻性情相投，感情美滿，子女聰明溫柔。你有非常好的家庭運，真是福星高照！對你生財、聚財上也會有很大的助力。

◎『天相坐命』巳宮的人，你的官祿宮是『紫貪』。按步就班，可登高位，獲高薪。**你的財帛宮是『天府』**，一生手邊富裕，流動的錢財很多，你很會理財，你做管理金融財務的人員，也是高手。**你的福德宮是『廉殺』**，一生辛勞，享不到福。**你的田宅宮是『機陰』**，本身亦能購置不動產，父母也會給與你房地產。

◎『天相坐命』巳宮的人，倘若有『火星、鈴星』進入卯酉宮，你在卯酉年也會爆發『偏財運』，由於你精於理財，這些財富會三級跳的增加中。

◎『天相坐命』巳宮的人，你一生的『財庫』總值在一億至三億元以上。

7 『紫微在卯』命盤格式，『天梁坐命』午宮的『財庫』

◎在『紫微在卯』的命盤格式中，倘若你是『天梁坐命』午宮的人，你有高大的身軀，開朗會照顧人的個性。因本命就坐在『陽梁昌祿』格上，主貴。從事官途或學術上有發展。

◎『天梁坐命』午宮的人，你的父母宮與夫妻宮不好，年幼時常讓父母擔憂，彼此緣份不深。夫妻間口角多，不能對你有助力。朋友亦是讓你破財較多的，你必須用利誘的方式才能用得上他們。

你的『財庫』有多大

◎『天梁坐命』午宮的人，你的官祿宮為『天同居平』，雖喜享福，但仍辛苦勞碌，『天同居平』，為福不多，事業中也多是非麻煩等困擾。

◎你的財帛宮是『機陰』，所得的錢財是由做公務員或固定的上班族的薪水得來的。**福德宮也是『機陰』相照**，既喜歡享福，但又常憂心忡忡的過日子。官位愈高愈心煩。

◎『天梁坐命』午宮的人，你的田宅宮是『紫貪』相照，祖上會有房地產留給你。倘若又有『火、鈴』進入此卯、酉宮，你會在田宅上得到意外的房地產。卯、酉年會爆發財富。

◎『天梁坐命』午宮的人，一生的『財庫』在一至三億元之譜。

◎有『祿星』守照命宮的人，財富較多，可達五億元以上。

※李登輝先生即是『天梁化祿』在午宮坐命的人。

8 『紫微在卯』命盤格式，『廉殺坐命』未宮的『財庫』

◎在『紫微在卯』的命盤格式裡，倘若你是『廉貞、七殺』坐命在未宮的人，因對宮『天府』的影響，你處理事務很有才幹，擅於理財。只要沒有煞星來會，即為『雄宿朝元』格，可得富貴，名聲遠播。

◎『廉殺坐命』未宮的人，六親宮中與父母、兄弟、配偶的感情都好，只有子女間口角是非多。在男性朋友、同事、屬下間的關係較不利。因此家庭對你生財的助力較大。

◎『廉殺坐命』未宮的人，你的官祿宮是『武破』，在軍中任職，管理財務最佳。你的財帛宮是『紫貪』，你家中的財富富饒，你只需守成即可，你很注重物質及精神上的享受，故你的生活快樂無虞。你的田宅宮是『天同居平』，房地產並不多。

◎『廉殺坐命』未宮的人，倘若有『火鈴』進入卯、酉宮，你在卯、酉年時也會有暴發運發生，你要好好把握。

◎『廉殺坐命』未宮的人，你一生的『財庫』大約在二、三億元之譜。

9 『紫微在卯』命盤格式，『空宮坐命』申宮的『財庫』

◎在『紫微在卯』的命盤格式中，倘若你是坐命在申宮，而又是『空宮』的話，因有『機陰』相照，你也是具有聰明機巧溫柔的個性、外貌俊美的人。你幼年時與父母、兄弟處得不好。但結婚後，卻有感情深厚的配偶子女。配偶的年紀較自己為長。（妻的年紀較大）。朋友是你生財上最好的幫手。

◎坐命申宮為『空宮』的人，你的官祿宮為『太陽陷落』，因此在事業上會有一段晦暗的日子。**你的財帛宮是『巨門陷落』**，手邊常拮据，在是非困難中打滾賺錢。**福德宮是『天同居平』**，一生勞碌奔波，享不到清福，老年時才得安逸。

◎坐命申宮為『空宮』的人，你的田宅宮又是『武曲、破軍』。『財庫』破了，財富又少，辛勤渡日。

◎坐命申宮為『空宮』的人，你一生的『財庫』在四、五千萬元之譜。若有『祿存』在命宮，『財庫』稍多，可有一億元上下。

10 『紫微在卯』命盤格式，『空宮坐命』酉宮的『財庫』

◎在『紫微在卯』的命盤格式中，倘若你是坐命酉宮，又是『空宮』的話，因對宮『紫貪』相照，你也是反應敏捷，具有高度才幹的人，但『紫貪』這兩顆『桃花星』又處在卯、酉這兩個桃花敗地之上，

你的『財庫』有多大

你的感情困擾特別多，倘若身、命又同宮在卯、酉二宮，你一生的情愛會影響你到一輩子的前程。

◎倘若『火、鈴』也在卯酉宮出現，會爆發『偏財運』，但是有桃花感情問題，定會影響你爆發好運的機會。

◎坐命酉宮為『空宮』的人，六親宮中，唯有和配偶相剋緣淺，有不和或生離之現象。

◎坐命酉宮的人，你的官祿宮是『天府財庫星』，你會有高薪的收入，尤其做金融機構的主管最好。**你的財帛宮是『天相』**，手邊運用的錢財很充裕。**惟福德宮為『武破』**。常常東走西行，到處奔波不能安寧。你的田宅宮也是『太陽陷落』。老年時會把房地產一棟棟的賣掉。

◎坐命酉宮的『空宮』的人，你的『財庫』在二、三億元左右。

◎若有『祿存』在命宮的人，『財庫』稍多，在三億元以上。

11 『紫微在卯』命盤格式，『天同坐命』戌宮的『財庫』

◎在『紫微在卯』的命盤格式中，倘若你是『天同坐命』在戌宮的人。因對宮『巨門』相照的影響，常有因說錯話或是非麻煩纏繞。本身又再因這些麻煩而忙碌。

◎『天同坐命』在戌宮的人，六親宮中父母與子女緣薄處不好。兄弟手足間相處尚可。你會有美貌的配偶、夫妻間的是非難免，又常成為別人的話題，但仍可白首到老的。朋友宮為『紫貪』，要到老年時才能找到知己和得力的助手。

◎『天同坐命』戌宮的人，你的官祿宮為『機陰』，多努力有聲名遠播的一天。**你的財帛宮是『天梁廟旺』**，常可得貴人長上賜與的財富。**但是福德宮為『太陽陷落』**，一生在勞碌中打滾。**你的田宅宮是**

『天府祿庫星』，房地產可多、祖業多，且可自置。

◎『天同坐命』戌宮的人，你一生的『財庫』大約在一至三億元之譜。

12 『紫微在卯』命盤格式，『武破坐命』亥宮的『財庫』

◎在『紫微在卯』命盤格式裡，倘若你是『武曲、破軍』坐命在亥宮的人，你的個性豪爽剛強，少年時生活辛苦。常有少小離家辛勞奔忙的情況。你從軍職或經商較好。

◎『武破坐命』亥宮的人，你在年幼時與父親緣薄，有相處不佳或父早逝的情況。兄弟間吵吵鬧鬧相處尚可。你的夫妻宮是『紫貪』相照，有感情融洽的配偶，情投意合。有聰明秀麗的子女，緣份亦佳。朋友會帶給你的是非災難較多，要小心！因此只有配偶子女是你生財的助力。

◎『**武破坐命**』**亥宮的人，你的官祿宮在『紫貪』**，武職可至高位，有權勢。若有『火、鈴』進入卯、酉宮，在事業上更可爆發旺運，使事業一飛沖天。**你的財帛宮是『廉殺』**，必須辛苦打拚，在鬧中生財發富。**你的福德宮是『天府星』**，可見你是很注重物質享受，而且也有許多錢財供你享受。**你的田宅宮是『機陰』**，必須白手起家自置不動產。

◎『**武破坐命』在亥宮的人，你一生的『財庫』約在一至三億元之譜。若有『祿星』在命宮的人，『財庫』可達三億元以上。**

5.紫微在辰

天梁(陷) 巳	七殺(旺) 午	未	廉貞(廟) 申
紫微(得) 天相(得) 辰			酉
天機(旺) 巨門(廟) 卯			破軍(旺) 戌
貪狼(平) 寅	太陽(陷) 太陰(廟) 丑	武曲(旺) 天府(廟) 子	天同(廟) 亥

1 『紫微在辰』命盤格式，『武府坐命』子宮的『財庫』

◎在『紫微在辰』命盤格式裡，倘若你的命宮是『武曲、天府』又坐命在子宮的話，這是一個富格。平常的人也一生富裕、享受很好。倘若有『昌、曲、左、右、魁、鉞』來會，又有『祿存』同宮，是億萬富翁的命格。己年生的人有『武曲化祿』在命宮和『貪狼化權』在福德，是極度富貴的人。

◎『武府坐命』在子宮的人，你的父母宮為『日月』同宮在丑，『太陽』是陷落的。因此幼年家庭裡會有問題，與父親不和或父親早逝的情況發生。你的兄弟宮很好，兄弟對你有情有義會幫助你。夫妻宮為『破軍』，配偶個性剛強，你可能有再婚的情況發生或與人同居而不結婚的情況。子女宮有『機巨』相照，子女聰明，常吵吵鬧鬧，非常熱鬧。六親宮中，只有兄弟對你最有助力。

◎『武府坐命』子宮的人，你的財帛宮是『廉貞居廟』，這是一種精明企劃的賺錢方式，鬧中生財，得財很多。**你的福德宮是『貪狼』**，一生福份淺，勞心勞力不得安寧且不安現狀，祈求過多。是個『人在福中不知福』的人！**倘若有『火星、鈴星』進入寅、申宮**，形成『火貪』、『鈴貪』格，你在虎年、猴年會爆發『偏財運』。**你的官祿宮是『紫相』**，你一生職位很高，能掌大權。所得到的財富亦多。

◎『武府坐命』子宮的人，你一生的『財庫』，至少在一至五億元之上。有『擎羊星』或『武曲化忌』在命宮的人，只有一、二億元左右。若爆發『偏財運』，你的『財庫』可達十億以上。

2 『紫微在辰』命盤格式，『日月坐命』丑宮的『財庫』

◎在『紫微在辰』的命盤格式裡，倘若你是『太陽、太陰』坐命的人，而又坐命在丑宮的話，你是個性格保守，小心謹慎，非常規矩的人。宜從公職或大機構工作之上班族。倘若有『昌、曲、左、右、魁、鉞』來會，會有意外發跡的機會。

◎『日月坐命』在丑宮的人，你與父母和子女的緣份薄、感情欠佳。但與配偶和兄弟相處融洽，他們是你生財的助力。

◎『日月坐命』丑宮的人，你的官祿宮是『天梁陷落』，辛苦忙碌，職位不高。**你的財帛宮是『空宮』**，對宮『機巨』相照，必須在鬧地求財可得意外的財富。**福德宮又是『機巨』**，勞心勞力，根本無福可享，是非口舌又多，人生是變化多端的。**還好你的田宅宮是『紫相』**，

你的『財庫』有多大

既能得祖產，自置更豐，財庫豐滿。

◎『日月坐命』丑宮的人，你一生的『財庫』大約在一、兩億元之間。倘若有『化祿星』在命宮，『財庫』較多，會達三億元以上。

3 『紫微在辰』命盤格式，『貪狼坐命』寅宮的『財庫』

◎在『紫微在辰』的命盤格式中，倘若你是『貪狼坐命』在寅宮的人，因對宮『廉貞居廟』的影響，你善與人交際，對政治很有興趣。其人多才多藝，若有『昌、曲』同宮，虛而不實。若有『陀羅』同宮，為『風流彩杖』格，主好色。

◎『貪狼坐命』寅宮的人，你的父母宮是『機巨』，父母感情不和，影響你的幼年生活。你與兄弟相處較差，與姐妹感情較好。你的夫妻宮是『武府』入宮，配偶會帶來龐大的錢財給你，讓你富裕發大財。

子女乖巧和順。你年長結婚以後的生活較佳。

◎『貪狼坐命』寅宮的人，你的官祿宮是『七殺』，必須忙碌奔波去賺錢才能得到錢財。**你的財帛宮是『破軍』**，雖然賺錢很拚命，但是破耗多，有浪費的習慣。**你的福德宮是『紫相』**，你真是好命！一生安逸享福的過日子。**你的田宅宮是『天梁陷落』**，能得到祖產的機率不大，必須辛苦打拚才會有。

◎『貪狼坐命』寅宮的人，因本命坐在『殺破狼』的格局上，若再有『火、鈴』進入寅、申宮，爆發『偏財運』就在寅、申年。但是有『廉貞』相照，就伏下暴起暴落的因子了。財富無法長存，以技藝生財較好。

◎『貪狼坐命』寅宮的人，你一生的『財庫』，大約在八千萬元之譜。命宮中有『祿存』和『化祿』的人，『財庫』會達到二、三億元。

4 『紫微在辰』命盤格式，『機巨坐命』卯宮的『財庫』

◎在『紫微在辰』的命盤格式裡，倘若你是『天機、巨門』坐命在卯宮的人，你的個性堅強有主見、口才很好、博學多能，但也多惹是非，必須多歷辛苦，才會有成。宜從事公職，或民意代表。『機巨坐命』的人，感情波折也多。

◎『機巨坐命』卯宮的人，你有感情深厚的父母，夫妻恩愛。倘若是女性，因太陽陷落在夫妻宮，會有夫早逝的情況。子女宮是『武府』，子女多在財經界工作、生活富饒。只有兄弟不得力，會拖累你。因此父母，配偶子女都是幫你生財的助力。

◎『機巨坐命』卯宮的人，你的官祿宮是『空宮』，有『日月』相照，你的職位普通，但賺錢不少，如日月一般的忙碌。**你的財帛宮是**

『天同居廟』，你會白手成家，進財平順，晚年得子女孝養的錢財較發達。**你的福德宮是『天梁陷落』**，一生辛勞忙碌享不到福，『天梁』不主財，享受也少。**你的田宅宮是『七殺星』**，辛苦努力，可自置房地產。

◎『機巨坐命』在卯宮的人，你一生的『財庫』約在七、八千萬元以上之譜。命宮有『祿存』和『化祿』的人，『財庫』可達二、三億元以上。

5 『紫微在辰』命盤格式，『紫相坐命』辰宮的『財庫』

◎在『紫微在辰』的命盤格式裡，倘若你是『紫相坐命』在辰宮的人，你的個性溫和，是福星高照的格局，因辰宮是『天羅宮』，故你常有『有志難伸』之感。個性較悶，在外很肯努力打拚。

◎**『紫相坐命』辰宮的人**，你與父母的緣份欠佳，互有剋害。兄弟亦是乖違不同心。夫妻宮是『貪狼』，亦可能更換配偶。子女宮為『日月同宮』，與兒子不和，與女兒較有緣份。與朋友間的是非又多，六親宮中都不太好，因此對你生財的助力太少。

◎**『紫相坐命』辰宮的人，你的官祿是『廉貞居廟』**，任武職能得高位。在工作上你很有策劃事務的頭腦。**你的財帛官是『武府』**，一生富足，是億萬富翁的命格。**你的福德宮是『七殺』**，一生辛勞度日，根本無法休息。**你的田宅宮是『空宮』，有『日月』相照**，會擁有很多的房地產，但流年不好也會進進出出。

◎**『紫相坐命』辰宮的人，你一生的『財庫』大約在五、六千萬至五億元之譜，『命、財、官、夫、遷、福、田』中有煞星的要遞減。**

6 『紫微在辰』命盤格式，『天梁坐命』巳宮的『財庫』

◎在『紫微在辰』的命盤格式裡，倘若你是『天梁坐命』在巳宮的人，因對宮有『天同福星』居廟，故你喜好享受、較懶，但是卻有易漂泊的命運，喜愛在外遊盪玩耍。

◎『天梁坐命』巳宮的人，你與父母相處不好，配偶間多是非口角，子女也不好教養。只有兄弟間的感情較好，是你生財上的助力。

◎『天梁坐命』巳宮的人，你的官祿宮是『空宮』，有『機巨』相照，從事學術工作，能有聲名遠播在外。但仍脫離不了是非口舌之苦。**你的財帛宮是『日月』同宮**，不停的在辛勞中生財，也無福可享。**你的田宅宮是『廉貞』**，你會變賣祖先遺留的不動產，你與不動產的緣份極低。

◎『天梁坐命』巳宮的人，你一生的『財庫』，大約在五、六千萬元之譜。若有『祿星』守照命宮的人，『財庫』較多，可達一、二億元以上。

7 『紫微在辰』命盤格式，『七殺坐命』午宮的『財庫』

◎在『紫微在辰』的命盤格式中，倘若你是『七殺坐命』在午宮的人，你的自尊心很強，有獨立的見解，做事獨斷獨行。做公職較佳。若命宮有『天刑』、『擎羊』來會，可為富盛名的外科醫生。有『祿星』同在命宮，會做財經主管。

◎『七殺坐命』午宮的人，只有夫妻宮是『紫相』較好，其他如父母、兄弟、子女都緣淺，不能在生財上給你助力。

◎『七殺坐命』午宮的人，你的官祿宮是『破軍』，做武職能居高位。否則就會在一種要付出極大體力、勞力的工作場所工作。**你的財帛宮是『貪狼』**，你的財運上會爆發無數好運，倘若再有『火、鈴』進入或相照財帛宮，你會成為一個『暴發戶』，橫發財富。但是你天生勞碌，在忙碌中享福。**你的田宅宮是『空宮』，『機巨』相照**，你會有祖上留下之不動產，但是先大後小，會漸漸失去它。

◎『七殺坐命』午宮的人，你一生的『財庫』大約有七、八千萬至三億元之譜。

8 『紫微在辰』命盤格式，『空宮坐命』未宮的『財庫』

◎在『紫微在辰』的命盤格式中，倘若你是坐命未宮，而又是『空宮』的話，在六親宮中，只有子女宮較好，其他都不得力。你的命宮有『日月』相照，個性保守，但也有『日月』陰晴不定的個性。你做事謹慎，中規中矩，既剛強又柔美，處事圓融。

◎你是不宜經商的，任職公教人員或民營大企業最好。丁年生的人有『太陰化祿』，戊年生的人有『太陰化權』，辛年生的人有『太陽化權』，再有『昌、曲、左、右、魁、鉞』來會，會有意外發跡的機會。

◎坐命未宮為『空宮』的人，你的官祿宮是『天同居廟』，在你的事業上是一種福星安享的模式，雖然你依然東奔西跑，但並不全然為賺錢在打拼，有時忙碌的結果只是在舉辦一些郊遊聯誼的活動罷了。

◎坐命未宮為『空宮』的人，你的財帛宮是『天機、巨門居廟旺』，必須勞心費力，白手生財，在熱鬧的場合可獲得意外財富，但是是非亦很多。**福德宮為『空宮』，『機巨』相照**，這是勞心勞力，根本享不到福的，因此能享受到的錢財也很少了。

◎坐命未宮為『空宮』的人，你的田宅宮是『破軍』。『財庫』破了，根本留不住財，房地產也留不住。

◎坐命未宮為『空宮』的人，你一生的『財庫』大約在八千萬元之譜。

9 『紫微在辰』命盤格式，『廉貞坐命』申宮的『財庫』

◎在『紫微在辰』的命盤格式裡，倘若你是『廉貞坐命』申宮的人，因對宮有『貪狼』相照，你是擅於交際的高手，易與酒色財氣接近，須防因賭而破財。甲年生的人有『廉貞化祿』，戊年生的人有『貪狼化祿』，己年生的人有『貪狼化權』，可為貴格，在公家機關作事可任官職。

◎『廉貞坐命』申宮者，因三合宮位有『紫相』、『武府』，一生順遂，不為財愁，也不會有大起大落。**因為『紫相』在財帛宮，『武府』在官祿宮**，得財都不少。

◎『廉貞坐命』申宮的人，你的六親宮中，父母間有是非，會影響到你。與兄弟感情差，與姐妹的感情較佳。**夫妻宮是『七殺』**，有『武府相照』，『因財被劫』，要聚少離多，各忙各的較平安和順。**子女宮是『天梁陷落』**，與女兒較疏遠。因此能幫你生財的助力只有姐妹和女性的朋友和屬下了。

◎『廉貞坐命』申宮的人，你的福德宮是『破軍』，一生忙碌操勞，享不到清福。**你的田宅宮是『天同居廟』**，白手起家，房地產會漸漸增多。

◎『廉貞坐命』申宮的人，你的『財庫』大約在一億至三億元之譜。

◎有『祿存』或『化祿』在命宮的人，『財庫』稍大，可有五億元上下。

10 『紫微在辰』命盤格式，『空宮坐命』酉宮的『財庫』

◎在『紫微在辰』的命盤格式中，倘若你是坐命酉宮為『空宮』的人，因對宮有『天機、巨門』相照，因此你也具有『機巨』的個性，個性強，有主見，口舌是非多，口才好，一生的變化機率也高。

◎坐命酉宮為『空宮』的人，你的六親宮中除了配偶能帶財給你之外，其他的人都緣薄處不好。朋友也是一樣，多爭執受連累，因此只有配偶能助你生財。

◎坐命酉宮為『空宮』的人，你的官祿宮為『日月』同宮，若加『昌、曲、左、右、魁、鉞』職務貴顯，以做公職為佳。**你的財帛宮是『天梁陷落』**，手邊的財獲得的不多。**福德宮又是『天同福星』居廟**，因此你做公務員，有固定的薪水，能安享快樂的生活。**你的田宅宮是**

『武府』，這是最富有的『財庫』了，不但能得祖先的大產業，自置房地產也很多。

◎坐命酉宮為『空宮』的人，你的『財庫』約在一至十億元之譜。

11 『紫微在辰』命盤格式，『破軍坐命』戌宮的『財庫』

◎在『紫微在辰』的命盤格式中，倘若你是『破軍坐命』在戌宮的人，因對宮有『紫相』相照，你有愛好藝術之嗜好。做軍警職較好，其他的行業較會力不從心。

◎『破軍坐命』戌宮的人，你的六親宮中，以父母和女兒較有緣。與兄弟是非多，與配偶相剋，感情不佳，與兒子緣淺。因此只有父母和女兒能助你生財。

◎『破軍坐命』戌宮的人，你的官祿宮是『貪狼居平』，若有『火星』進入此宮，會有意外好運的機會，否則官職平平。**你的財帛宮是『七殺』**，必須拼命努力奮鬥才能獲得錢財，這與你的個性亦有相似之處，故你終日忙碌不堪。**你的福德宮是『武府』**，早年辛苦勞碌，晚年可享福，你是一個愛物質享受的人，賺的錢多為自己享受到了。**你的田宅宮是『日月』同宮**，會擁有一些不動產。

◎『破軍坐命』戌宮的人，你的『財庫』大約在二億元之譜。

12 『紫微在辰』命盤格式，『天同坐命』亥宮的『財庫』

◎在『紫微在辰』的命盤格式裡，倘若你是『天同坐命』在亥宮的人，你有溫和的個性，是個穩重的人，『天同福星』太愛享福較懶，沒有衝勁。幸而對宮『天梁陷落』給你造成衝激，而能忙碌成就一些事業。

◎『天同坐命』亥宮的人，你有多財有緣的父母，幼年過的很富裕，你與兄弟、配偶、子女緣份較淡。因此在你結婚後就沒那麼好的人緣機運了。只有父母是你的『財庫』，幫你生財。

◎『天同坐命』亥宮的人，你的官祿宮是『機巨』，做清高的學術性的事業較佳。**財帛宮是『日月』相照**，勞碌生財，也可得不小的財富。**福德宮為『日月同宮』**，福份厚，一生安逸快樂，是個安享的局面。**你的田宅宮是『貪狼』**，你與房地產的緣份低。

◎『天同坐命』亥宮的人，你的『財庫』在一、二億元之譜。

◎倘若有『火、鈴』進入寅申宮也會有爆發偏財運的機會。『財庫』可增至三至五億元之譜。

『紫微在巳』命盤格式

6.紫微在巳

紫微(旺) 七殺(平) 巳	午	未	申
天機(平) 天梁(廟) 辰			廉貞(平) 破軍(陷) 酉
天相(陷) 卯			戌
太陽(旺) 巨門(廟) 寅	武曲(廟) 貪狼(廟) 丑	天同(旺) 太陰(廟) 子	天府(得) 亥

1 『紫微在巳』命盤格式，『同陰坐命』子宮的『財庫』

◎在『紫微在巳』的命盤格式裡，倘若你是『天同、太陰』坐命在子宮的人，你有溫和俊秀的外貌。因在命宮三合之處有『天機』與『天梁星』，四星皆居旺，因此你的『機月同梁』格非常完整。從公職能居要職得高薪。但需小心感情糾紛。

◎『同陰坐命』子宮的人，你與父母相處雖不算親密，但他們總帶給你好運。你的兄弟在財物上很能資助你，非常有緣。**你的夫妻宮是『天機、天梁』**，配偶非常有智慧，婚姻美滿。配偶宜年長。只有子女無緣。朋友皆地位高，但不得力。因此家庭中的力量對你的生財助力較大。

◎『同陰坐命』子宮的人，你的財帛宮是『空宮』，有『陽巨』

廟旺相照，靠嘴吃飯，做教職，生財很多，但是也不免是非困擾，靠口才可化解。**你的福德宮就是『陽巨』**，一生勞心勞力不能安享，要到老年才能享清福。**你的官祿宮是『天機、天梁』**，用智慧賺取財祿，地位與權位皆高，但『機梁』並不主財，故事業只給你帶來聲望罷了。**你的田宅宮是『天相陷落』**，房產少。

◎『同陰坐命』子宮的人，丑、未年亦會帶給你偏財運，你一生的『財庫』約在二億元之譜。

◎若有『祿星』（祿存和化祿）在命宮守照，『財庫』可達三至五億元以上。

2 『紫微在巳』命盤格式，『武貪坐命』丑宮的『財庫』

◎在『紫微在巳』的命盤格式中，倘若你是『武曲、貪狼』坐命

在丑宮的人，你的個性剛強，具才藝，少年不利，三十歲以後發跡，因本命坐在『殺、破、狼』格局上，再加上『武貪格』會爆發旺運（偏財運）。若再有『火、鈴』進入丑、未宮，為極貴之格。你一生的起伏很大，能成就大事業，商場得利；但也有暴起暴落的時候，平心處之也能泰然。

◎**『武貪坐命』丑宮的人，你的六親宮中，與父親感情不睦**。與兄弟、配偶、子女緣深，子女少。因此家庭是你財運的最大助力。

◎**『武貪坐命』丑宮的人，官祿宮是『紫殺』**，從武職能得高官、文職成就較差。**你的財帛宮是『廉破』**，手中運用的錢財少。**福德宮又是『天相陷落』**，一生勞碌，無法享福。**田宅宮是『機梁』**，會買進很多的不動產，也會有進有出，晚年還算富有。

◎**由此可看出，『武貪坐命』丑宮的人**，在丑、未年都會暴發旺運，但經過多次『暴起暴落』的經驗後，也會很有見地的預留後路，替自己營造一個老年富有的命程。

◎**『武貪坐命』丑宮的人，你的『財庫』，大約在二至五億元之上。**命宮中有『化忌星』或有『羊、陀、劫、空』同宮和相照的人，以及財、官、遷、福、田等宮有『化忌、羊、陀、劫、空』同宮的人，財富少，只有一、二億元左右。

3 『紫微在巳』命盤格式，『陽巨坐命』寅宮的『財庫』

◎**在『紫微在巳』的命盤格式中，倘若你是『太陽、巨門』坐命寅宮的人**，你的個性穩重謹慎，修養好，志向遠大，適合學術及藝術工作，做教職最好。也可從事傳播、法律、外交、或推銷、演藝事業。

◎**『陽巨坐命』寅宮的人，你的夫妻宮和子女宮很好，緣份也**

深。父母是個老好人，但不得力。兄弟與你感情不睦。因此你婚後的家庭對你生財的助力較大。

◎**『陽巨坐命』寅宮的人，你的官祿宮是『同陰』相照**，在平順中生財且富足。**財帛宮是『機梁』相照**，由於你聰明的構思而發大財。**福德宮是『機梁』**，一生福份厚，享受得到自己賺來的財富。**你的田宅宮是『紫殺』**，必須辛苦努力才能得到房地產，房產不多。

◎**『陽巨坐命』在寅宮的人，你的『財庫』約在一、二億元之譜。**

4 『紫微在巳』命盤格式，『天相坐命』卯宮的『財庫』

◎**在『紫微在巳』命盤格式中，倘若你是『天相坐命』卯宮的人**，因對宮『廉貞、破軍』的影響，你的個性保守，有個性但思慮較多，擅理財務，做公職最好。

◎『天相坐命』在卯宮的人，你的六親宮中，父母很有智慧，很愛護你。兄弟口角多，但也和睦。夫妻宮有武貪，形成暴發的『武貪格』，因此做妻子的較能幹，但也能幫你暴發財富。子女乖巧可愛，與你緣深。因此整個家族都是幫你旺發財運的好幫手。

◎『天相坐命』卯宮的人，你的官祿宮是『武貪』相照，在事業上常有暴發旺運的時機，由其是在丑年、未年的時候。有『化忌、劫、空』時沒有暴發運。**你的財帛宮是『天府』，**一生富饒，財多遂意。福德宮為『紫殺』，一生忙碌打拚，到晚年才能享福。**你的田宅宮是『同陰』相照，**房產不少，都是白手起家，自己賺的。

◎『天相坐命』在卯宮的人，你的『財庫』大約在五千萬至二億元之譜。在『命、財、官、夫、遷、福、田』等宮有『化忌、劫、空、羊、陀』時，只有五千萬元左右。

5 『紫微在巳』命盤格式，『機梁坐命』辰宮的『財庫』

◎在『紫微在巳』的命盤格式中，倘若你是『天機、天梁』坐命在辰宮的人，你生性機智聰敏，有策劃能力，有軍師的才能，且長壽。因本命就是『機月同梁』格的二顆星，三合之處又有『天同、太陰』來照會，做公職，才能出眾，定會高居要職，事業上很有表現。

◎『機梁坐命』辰宮的人，你的六親宮中，你與父母相處欠佳，亦可能無兄弟。夫妻宮是『陽巨』，雖有口角多的困擾，但配偶能替你帶來高地位，你的子女也是無法溝通欠和。因此在家庭中，只有配偶能為你生財成助力。

◎『機梁坐命』辰宮的人，你的官祿宮是『陽巨』相照，做教職、傳播業、律師等為人籌劃，會有很好的表現。**你的財帛宮是『同**

陰』，財富通順，手邊的錢財不少。**福德宮是『同陰』相照**，這也是個安享的局面，你從不為財煩惱。**你的田宅宮是『武貪』相照**，在丑未年時，很可能會得到意外的房地產和財富。

◎『機梁坐命』辰宮的人，你的『財庫』，大致在一億左右。『命、財、官』有『祿星』會稍多，有二億。

6 『紫微在巳』命盤格式，『紫殺坐命』巳宮的『財庫』

◎在『紫微在巳』的命盤格式中，倘若你是『紫微、七殺』坐命在巳宮的人，你的個性堅毅果敢，白手起家，雄心萬丈，健談，喜權勢，但做事常虎頭蛇尾，做軍警武職好，女性也定是職業婦女。

◎『紫殺坐命』巳宮的人，你的父母宮『同陰相照』，很得到父母的疼愛。也能得到兄弟手足的精神鼓勵。配偶賢淑，有責任感。子女也活潑可愛、吵吵鬧鬧，不影響感情。因此家庭對你生財的助力頗大。

◎**『紫微坐命』巳宮的人，你的官祿宮是『廉破居平陷』**，一生事業變化多端，生活不穩定，若從事軍旅較佳。**你的財帛宮是『武曲、貪狼』**。正是『武貪格』，因此你的財富多因丑、未年之橫發財富而來，但是『暴起暴落』的因子也循環不去。你一生忙碌也享不到福。**你的田宅宮是『陽巨相照』**，辛苦努力打拚的結果，晚年才留得住房地產。

◎**『紫殺坐命』巳宮的人，你的『財庫』在二億元左右。**

7 『紫微在巳』命盤格式，『空宮坐命』午宮的『財庫』

◎在**『紫微在巳』的命盤格式裡，倘若你是坐命午宮又是『空宮』的人**，因有『天同、太陰』相照，你也同樣具有溫和文雅的氣質。

性情開朗。因『機月同梁』格在這個角度形成的不太好，若有『昌、曲、左、右、魁、鉞』等吉星來會，著述或教職可有發展。

◎坐命午宮是空宮的人，你的六親中，父母、兄弟都不好相處，較無緣。夫妻宮較好，配偶智慧高，是你的支柱。子女尚稱乖巧。配偶是你生財的助力。

◎坐命午宮為空宮的人，你的官祿宮是『機梁相照』，在事業上可獲高權位。**你的財帛宮是『陽巨』**，早年成敗不一、時有起伏，中年以後較可聚財。**你的福德宮又是空宮有『陽巨相照』**，勞心勞力，是非又多，至晚年才可享福。**你的田宅宮是『廉破居平陷』**，年少時即賣掉房產，『財庫』四大皆空了。

◎坐命午宮為『空宮』的人，你的『財庫』大約在五千萬至七千萬元之譜。

你的『財庫』有多大

◎命宮中有『祿存』的人，或有『化祿星』相照的人，『財庫』稍大，可達一億元以上。

8 『紫微在巳』命盤格式，『空宮坐命』未宮的『財庫』

◎在『紫微在巳』的命盤格式裡，倘若你是坐命在未宮為『空宮』的人，因對宮有『武曲、貪狼』相照，基本上你是具有『武貪』的個性剛強、少年不利、三十歲以後才發跡的因素。一生的變化起落之間也很大。

◎坐命未宮為『空宮』的人，你的六親中，與父親不睦，兄弟感情深厚。與配偶之間，婚姻不美，聚少離多或年齡差距大，晚婚較好。子女聰敏緣深。因此可助你生財的的是兄弟、子女較有助力。

◎坐命未宮為『空宮』的人，你的官祿宮是『天府』，從商你可獲得大財富。**你的財帛宮是『天相陷落』**，手邊運用的錢財還是起起落落，應驗了『武貪』照命暴起暴落的現象。**福德宮為『廉破』**，一生勞碌，無法享福，自己享受財富也不多。

◎坐命未宮為『空宮』的人，你的『財庫』大約在一、二億元左右。倘若有『祿星』、『權星』照會命宮，『財庫』較大，會在三億元以上。

9 『紫微在巳』命盤格式，『空宮坐命』申宮的『財庫』

◎在『紫微在巳』的命盤格式裡，倘若你是坐命申宮為『空宮』的人，因對宮有『太陽、巨門』相照，你也會具有『陽巨』的個性、穩重謹慎、隨和，不計較得失，但口舌是非仍多。宜文化界，教職的工作佳。

◎坐命申宮為『空宮』的人，你的父母、兄弟、子女都相處得不好，緣淺。只有配偶緣份深感情好。因此配偶是你生財上的助力。

◎坐命申宮為『空宮』的人，你的官祿宮是『同陰』，文化、教職可居高位。**財帛宮是『機梁』**，由巧智而生財，可得大財富。**福德官為『機梁』相照**，一生福份好，安逸快樂一生。**你的田宅宮為『天府』**，『天府』是祿庫星、又坐田宅宮，真是房地產多不勝數。

◎坐命申宮為『空宮』的人，你的『財庫』有一億元以上。

◎若有『祿存』在命宮，或有『化祿星』相照，『財庫』較大，會達三億元以上。

10 『紫微在巳』命盤格式，『廉破坐命』酉宮的『財庫』

◎在『紫微在巳』命盤格式裡，倘若你是『廉破坐命』酉宮的人，你幼年時體弱多病。有理想、有志氣可白手成家。可在政界、公職上發展，從軍警武職最好，不可從商。因你在丑、未年會暴發『偏財運』，但橫發橫破不耐久。

◎『廉破坐命』酉宮的人，你的父母很有智慧，壽命長，與你有緣，可以給你當軍師。你的兄弟緣份不深，口角亦多。**夫妻宮有『武貪相照』**，配偶個性強，不好相處，但配偶能助你生財。**子女是『同陰相照』**，緣份深感情好。結婚以後的家庭會帶給你生財上的助力。

◎『廉破坐命』酉宮的人，你的官祿宮就是『武貪格』，在事業上會爆發好運，但不耐久，也會有暴落的狀況發生，你要先做準備。**你**

的財帛宮是『紫殺』，必須辛勤、努力，手邊可運用的財富才會多。**你的福德宮是『天府庫星』**，因此你有很好的物質享受，安逸快樂過一生。**你的田宅宮是『同陰』**，房地產好幾棟，雖然事業上起落大，但是你還是賺得房地產了。

◎『廉破坐命』酉宮的人，你的『財庫』在二億元左右。

11 『紫微在巳』命盤格式，『空宮坐命』戌宮的『財庫』

◎在『紫微在巳』的命盤格裡，倘若你是坐命戌宮為『空宮』的人，因對宮『機梁相照』，你仍是聰明、機智的人，有策劃分析的能力，是個軍師的人才。

◎坐命戌宮為『空宮』的人，你有富有、疼你的父母。兄弟緣

薄、配偶間的關係平順。子女較不能溝通。因此只有父母、配偶對你生財上有助力。

◎坐命戌宮為『空宮』的人，你的官祿宮為『陽巨』，工作上名聲響亮，但是非也多。**你的財帛宮是『同陰相照』**，手邊可用的錢有餘裕。**福德宮亦是『同陰』**，是一種無牽無掛快樂一生的享福方式。**你的田宅宮是『武貪』**，可意外得到房地產，但不耐久，要到晚年才留得住。

◎坐命戌宮為『空宮』的人，你的『財庫』大約是七、八千萬元至十億元以上(要依八字帶財多寡而定)。若有『化祿星相照』命宮，財富較多，會超過一億元以上。

你的『財庫』有多大

12 『紫微在巳』命盤格式，『天府坐命』亥宮的『財庫』

◎在『紫微在巳』的命盤格裡，倘若你是『天府坐命』亥宮的人，你的個性保守，很會理財。若四方三合之處有『昌曲、左右』來會，一生榮華富貴，若是四煞星來會，會成為奸妄的小人。

◎『天府坐命』亥宮的人，你的六親中，父母緣深，兄弟也能給你精神支柱。子女也活潑有緣。只有夫妻宮為『廉破』，相互剋害，會更換配偶。因此，父母、兄弟是你生財上的助力。

◎『天府坐命』亥宮的人，你的官祿宮是『天相陷落』，職位不高。你的財帛宮，有『武貪格』相照，財運暴發，也會有暴落的困擾。福德宮亦為武貪，一生勞心費力，到晚年時才享福。你的田宅宮是『陽巨』，你的房地產先無後有，多而旺盛。財庫豐滿，是個富足的人。

◎『天府坐命』亥宮的人，你的『財庫』大約在二億之間。

『紫微在午』命盤格式

7.紫微在午

天機(平) 巳	紫微(廟) 午	未	破軍(得) 申
七殺(廟) 辰			酉
太陽(廟) 天梁(廟) 卯			廉貞(平) 天府(廟) 戌
武曲(得) 天相(廟) 寅	天同(陷) 巨門(陷) 丑	貪狼(旺) 子	太陰(廟) 亥

1 『紫微在午』命盤格式，『貪狼坐命』子宮的『財庫』

◎在『紫微在午』命盤格式裡，倘若你是『貪狼坐命』子宮的人，你一生都有很好的運氣，在外面的環境很受到敬重。常有突發之好運際遇。因為『貪狼坐命』的人，本命就是好運星坐命，又坐在『殺、破、狼』格局上之關係。**若再有『火、鈴』進子、午宮**，同宮或相照，一生有多次爆發『偏財運』之機會，讓你不富也不行！

◎『貪狼坐命』子宮的人，你的兄弟宮是『太陰廟旺、天機居平』相照，你與姐妹的感情非常好，與兄弟的感情較平淡。**你的夫妻宮是『廉府』入宮**，你有很會交際的配偶，在他們精明多才幹的幫助之下，剛好補救了你對金錢不會打理計算以及浪費的缺點。真是一個實實在在的賢內助了！但是『貪狼坐命』的人多晚婚，故而耽誤了你多聚錢財的時間。縱使你多經幾次暴發運，沒有聰明能幹的妻子幫你儲存，你還是在『暴起暴落』的惡性循環中輪迴而逃不出來的。

◎**『貪狼坐命』子宮的人，你的父母宮是『同巨陷落』**，與父母關係欠佳。**子女宮是『陽梁相照』**，會有很優秀的子女。**僕役宮是『天機居平』**，你與朋友的關係也不是很深。因此『貪狼坐命』子宮的，最能對你的財富有實質幫助力量的就是你婚後的家庭，你的配偶和子女了。

◎**『貪狼坐命』子宮的人，你的財帛宮是『破軍』，福德宮為『武相』**。可見你對衣食享受很在行，你有浪費的習慣。雖然你很努力打拼賺錢，但是手頭太鬆，而且你的慾望太多，始終都不能滿足，所以錢也始終存不住，倘若有『偏財運』的爆發，你倒是能快樂個一、二年的。

◎『貪狼坐命』子宮的人，你的官祿宮是『七殺』，做軍警武職會居高位掌大權，文職較不吉，會辛苦，所得較少。**你的田宅宮是『陽梁居廟』**，會獲得祖上留下的房地產，讓你的享受，不管你的一生是起落多少次，你都算是一個幸運的、多財的人。

◎『貪狼坐命』子宮的人，你的『財庫』至少在一至五億元以上。

2 『紫微在午』命盤格式，『同巨坐命』丑宮的『財庫』

◎在『紫微在午』命盤格式裡，倘若你是『天同、巨門』坐命丑宮的人，你有身型不高、較瘦，幼年坎坷不順等特點。若有『火、鈴』同宮或相照，或在三合處相照，臉上有異痣，或雀斑、黑斑很明顯的徵兆。在命盤三合處有『羊陀、殺破』等煞星，流年逢到會有『火厄』。大小限三合湊殺，亦有性命之憂。

◎『同巨坐命』丑宮的人，一生是非口舌纏繞、辛勞多。若有『昌曲、左右、魁鉞』同宮或相照，較有才幹，事業較有成就。

◎『同巨坐命』丑宮的人，父母宮是『武相』，較有財，緣份也好。**兄弟宮是『貪狼』**，彼此緣份不佳，會受到拖累。**夫妻宮是『太陰廟旺』**。配偶即是你的財庫。男子若是此命，可得妻財。**子女宮是『廉府』**，親子關係並不十分融洽。**朋友宮是『紫微』**，會有好的朋友及幫手。因此在助你生財方面，父母、配偶、朋友都是有助力的。

◎『同巨坐命』丑宮的人，你的財帛是『空宮』，有『陽梁相照』，必須去操心生財，才有財源。**福德宮是『陽梁』**，故一生快樂享福。**倘若你的『身宮』落在財帛宮**，是個愛財如命的人，那你享福的程度也沒那麼多了，那就會是個勞碌命，也所獲不多了。

◎『同巨坐命』丑宮的人，你的官祿宮是『天機居平』，做公務員較合適，但職位不高。**田宅宮是『七殺』**，辛苦努力打拼，老年時會有房產。

◎『同巨坐命』丑宮的人，你的『財庫』約在六、七千萬至一億元上下。

3 『紫微在午』命盤格式，『武相坐命』寅宮的『財庫』

◎在『紫微在午』命盤格式裡，倘若你是『武曲、天相』坐命在寅宮的話，你有中等略胖的身材，剛直與好脾氣。因在命宮的三合處有『廉府、紫微』等吉星，你一生都是順利、多財的。但是『破軍』在命兆。在命盤三合處有『羊陀、殺破』等煞星，流年逢到會有『火厄』。大小限三合湊殺，亦有性命之憂。

◎**『同巨坐命』丑宮的人**，一生是非口舌纏繞、辛勞多。若有『昌曲、左右、魁鉞』同宮或相照，較有才幹，事業較有成就。

◎**『同巨坐命』丑宮的人，父母宮是『武相』**，較有財，緣份也好。**兄弟宮是『貪狼』**，彼此緣份不佳，會受到拖累。**夫妻宮是『太陰廟旺』**。配偶即是你的財庫。男子若是此命，可得妻財。**子女宮是『廉府』**，親子關係並不十分融洽。**朋友宮是『紫微』**，會有好的朋友及幫手。因此在助你生財方面，父母、配偶、朋友都是有助力的。

◎**『同巨坐命』丑宮的人，你的財帛是『空宮』**，有『陽梁相照』，必須去操心生財，才有財源。**福德宮是『陽梁』**，故一生快樂享福。**倘若你的『身宮』落在財帛宮**，是個愛財如命的人，那你享福的程況發生。**你的福德宮是『七殺』**，一生辛勞打拼，是一個無法享福的人。

◎『武相坐命』寅宮的人，你的『財庫』，大約在一至三億元上下。

4 『紫微在午』命盤格式，『陽梁坐命』卯宮的『財庫』

◎在『紫微在午』命盤格式裡，倘若你是『太陽、天梁』坐命在卯宮的話，因『陽梁』在卯宮皆居廟旺，這是一個『日照雷門』的格局，本命又坐在『陽梁昌祿』格局上，這是一個又富又貴的命格，利於參加國家取士的考試。

◎『陽梁坐命』卯宮的人，你有得力的兄弟，其他如配偶、父

母、子女都不好相處、緣份淺薄。還好你有寬大開懷的心胸，把心情多放在讀書上、成就會很大。**因朋友宮也是『破軍』**，也無法得到好的知己與屬下，因此在生財的助力上，只有兄弟較得力了。

◎『陽梁坐命』卯宮的人，你的官祿宮是『空宮』，有『同巨陷落相照』，因此你在官場上或事業上較多是非或有不得意的狀況，讓你鬱悶。**但是你的財帛宮是『太陰』，田宅宮是『紫微』**，財富大積，故你可從事著述，可得大財富、名聲四揚。**倘若在子、午宮有『火、鈴』進入，在子、午年時也會爆發『偏財運』。**

◎『陽梁坐命』卯宮的人，你的『財庫』約在一至四億元上下。

5 『紫微在午』命盤格式，『七殺坐命』辰宮的『財庫』

◎在『紫微在午』命盤格式裡，倘若你是『七殺坐命』辰宮的人，因對宮有廉府相照，你是個精力十足，很威猛又很有謀略的人，但『七殺坐命』的人，都必須經過艱辛努力打拼的過程才會成功。

◎『七殺坐命』辰宮的人，你的六親宮中，兄弟、配偶、朋友都很得力，緣份深感情好。父母和子女感情較淡薄，子女較不聽話。因此，兄弟、配偶、朋友都是你生財的助力。

◎『七殺坐命』辰宮的人，你的財帛宮是『貪狼』，福德宮是『紫微』。你一生在錢財上好運不斷，自己享用的更是富足快樂。倘若有『火、鈴』進入子、午宮。在子、午年時便會爆發旺運，得到更大的財富，讓你一生都享用不完。

◎『七殺坐命』辰宮的人，你的官祿宮是『破軍』，做武職較佳。否則也多半是做一些有速度感的、雜亂中重新組織起來的工作。**你的田宅宮是『同巨陷落』**，房地產少或沒有，縱使有也會令人是非纏繞、口角煩亂，最後財去人安樂。

◎『七殺坐命』辰宮的人，你的『財庫』在一至三億元左右。

6 『紫微在午』命盤格式，『天機坐命』巳宮的『財庫』

◎在『紫微在午』命盤格式裡，倘若你是『天機坐命』巳宮的人，因對宮有『太陰廟旺』相照，你具有太陰柔美的外表，和『天機』聰敏的特性。但是多愁善感的個性讓你在感情上困擾很多。

◎『天機坐命』巳宮的人，除了與兄弟手足之間較難相處之外，

你的『財庫』有多大

其他與父母的感情深厚，有感情彌堅的配偶，且配偶的智慧很高，讓其欽服。**子女宮在『武相』**。緣份深又乖巧。**朋友宮又是『廉府』入宮**，可見其交際手腕也不錯，會擁有幫自己生財的朋友、屬下。

◎**『天機坐命』巳宮的人，你的財帛宮是『同巨陷落』**，財少是非多，這真是美中不足了。**福德宮又是『同巨相照』**，也享不到福份，一生辛勞奔波，為財忙碌。**因『太陰』財星在遷移宮**，故你必須外出離家工作，在外辛苦生財。

◎**『天機坐命』巳宮的人，你的官祿宮是『陽梁相照』**。『陽梁』是居廟旺的，這也是『陽梁昌祿』格的兩顆主星，因此多讀書、高學歷去從官職，會登高位。故而這是一個主貴的命格。**你的田宅宮是『破軍』**，房產進進出出留不住。破耗很多，財庫破了，錢財也留不住，你要多小心！倘若有『火、鈴』二星之一，進入子、午宮，在子、午年時會爆發『偏財運』，也會為你帶來一些財富。

◎『天機坐命』巳宮的人，你的『財庫』在八千至一億元左右。

7 『紫微在午』命盤格式，『紫微坐命』午宮的『財庫』

◎在『紫微在午』命盤格式裡，倘若你又是『紫微坐命』午宮的人，你的氣質很好，穩重敦厚、謙恭謹慎，很得眾望。因對宮有『貪狼相照』，在外人緣很好，從事文職、教職，著述，成就很高。離家在外打拼，有很好的際遇。

◎『紫微坐命』午宮的人，你的兄弟宮是『天機居平』，不得力。夫妻宮是『七殺』，要聚少離多、各忙各的較平順。**子女宮是『陽梁』入宮**，有成就高的子女。**父母宮是『同巨相照』**，與父母緣份薄、口角多，不好相處。**朋友宮是『太陰廟望』**，可得女性朋友、上司、屬下的助力而生財。

◎**『紫微坐命』午宮的人，你的財帛宮是『武相』**，衣食充足、金錢運不錯。**你的官祿宮是『廉府』**，這是一種會謀劃事務、適宜做公職、賺錢普通的形勢。**你的福德宮在『破軍』**。一生都享不到福，操勞忙碌終身，是一個不能放鬆自己的人。**你的田宅宮是『陽梁相照』**，可得到祖上遺留之房產，讓你富足一生。

◎**倘若在子、午宮有『火、鈴』進入**，你一生有多次爆發『偏財運』的機會，可得到大財富。

◎**『紫微坐命』午宮的人，你的『財庫』大約在一至三億元上下。**

8 『紫微在午』命盤格式，『空宮坐命』未宮的『財庫』

◎在『紫微在午』命盤格式裡，倘若你是坐命在未宮，而又是『空宮』的話，因對宮有『天同、巨門』相照。你也是具有幼年坎坷、身型瘦而不高的特徵。一生是非口舌纏繞。若有『火、鈴』同宮或在三合對宮相照，臉上有異痣、雀斑、黑斑等現象。在命盤三合處有『羊、陀、殺、破』等煞星，大小限三合湊殺有性命之憂。流年逢之有火厄。

◎坐命未宮為『空宮』的人，若有『昌曲、左右、魁鉞』等六吉星入宮，為『明珠出海』格，會異途顯達，因人而貴。可從事教職、官途等職。

◎坐命未宮為『空宮』的人，其兄弟宮為『紫微』，關係親密，是最好的助力。**夫妻宮是『天機居平』**，配偶個性剛強，用心相處，也可白首。**子女宮在『七殺』**，緣份較薄，親子關係溝通不良。**父母宮是**

你的『財庫』有多大

『破軍』，與父母也相處不好。**朋友宮是『貪狼』**，會有背叛、受拖累的情況發生。因此在生財助力上，只有兄弟給你的助力最大了！

◎坐命未宮為『空宮』的人，你的財帛宮是『陽梁』，是一種清高中得財的狀況。**官祿宮又是『太陰居廟』**，可見做公務員，從官職可得財很多。**而且你的福德宮又是『陽梁相照』**，一生享福快樂又長壽。**你的田宅宮是『廉府』**，既有現成的家業來給你守成，自己營謀規劃，可獲得小家業的房地產。你是真有福氣的人了！

◎倘若有『火、鈴』進入子、午宮，在子、午年亦會爆發『偏財運』，所得之財富不少。

◎坐命未宮為『空宮』的人，命宮中有吉星，你的『財庫』大約在一億元以上。『命、財、官、夫、遷、福、田』等宮中有『羊陀、火鈴、劫空、化忌』時，只有數千萬上下之財富。

9 『紫微在午』命盤格式，『破軍坐命』申宮的『財庫』

◎在『紫微在午』命盤格式裡，倘若你是『破軍坐命』申宮的人，你有做事積極愛打拼的個性，是有開創精神的人，對於金錢、事業，也是積極追求、拼命到底的，因此你會獲財很多。倘若在子、午宮有『火星』進入，在子、午年時，你會在事業上爆發旺運，得到大財富。

◎『破軍坐命』申宮的人，你的父母宮是『陽梁相照』，你幼年時會得到父母良好的照顧。但是『破軍坐命』的人好動頑皮、破耗多的因素，還是免不了破相的。**你的兄弟宮是『同巨相照』**，兄弟間感情不佳，是非較多，常吵架、得不到助力。**夫妻宮是『紫微』**，配偶的修養好，氣質佳，且地位高，得到眾人的敬仰，和你的感情也最好。**子女宮**

你的『財庫』有多大

是『天機居平』，子女聰敏但緣份不深。**你的朋友宮也是『同巨』**，故朋友之間相處也是是非口角多。因此助你得財的助力是你的配偶和父母。

◎**『破軍坐命』申宮的人，你的財帛宮是『七殺』**，這正應證了你辛苦打拼賺錢的個性。**你的官祿宮是『貪狼』**，做武職，或屬木的職業，會有高權位、高成就。**你的福德宮是『廉府』**，你是非常喜愛物質享受的人，你的辛勞忙碌，有時也是為享受而忙碌的。**你的田宅宮是『太陰廟旺』**，『太陰』是陰藏之財，故你的房地產很多，財庫豐滿。

◎**『破軍坐命』申宮的人，你的『財庫』至少在二億元之上。有『文昌、文曲』同在命宮的人，是窮命色彩的人，一生的『財庫』只有五、六千萬左右。**

10 『紫微在午』命盤格式，『空宮坐命』酉宮的『財庫』

◎在『紫微在午』命盤格式裡，倘若你是坐命酉宮為『空宮』的人，因對宮有『陽梁相照』，基本上你也是具有『太陽、天梁』的個性的人，有寬大能容人的度量，不喜與人計較。因此命局也坐在『陽梁昌祿』格上，對於你取得高學歷、從官職都是有很好發展的。

◎坐命酉宮為『空宮』的人，你的六親宮中，幼時很讓父母操心，但緣份還不錯。兄弟宮是『破軍』，相處不易。**夫妻宮是『同巨陷落相照』**，相處更是困難，是非口角很多，讓你煩亂。**子女宮是『紫微』**，可養育有成就、緣份深的子女。**朋友宮是『武相』**，朋友對你生財的助力也是很大的。

◎坐命酉宮為『空宮』的人，你的官祿宮是『同巨』，在事業上是非麻煩不斷、較不順利，讓你抱憾。**你的財帛宮是『天機居平』**，得財也不多。**但是你的福德宮是『太陰廟旺』**，可見你還蠻能享受財富的。**而且你的田宅宮是『貪狼星』**，雖然與不動產的緣份低。但是若有『火、鈴』進入子、午宮，在子、午年時也會爆發好運，獲得意外的房地產，或是暴發錢財等好運。

◎坐命酉宮為『空宮』的人，你因有『太陰居廟』坐福德宮，你一生都是個很浪漫多情、博愛多能、快樂享福的人。

◎坐命酉宮為『空宮』的人，你的『財庫』大約在一億元上下。

11 『紫微在午』命盤格式，『廉府坐命』戌宮的『財庫』

◎在『紫微在午』命盤格式裡，倘若你是『廉貞、天府』坐命在戌宮的人，你有冷靜愛思考的頭腦，企劃能力很強，很喜愛忙碌的生活，是一個靜不下來的人，因為在這個命局中，『陽梁昌祿』的格局很好，故你從官職，可做到政府機關的首長。你若從事文藝界，也有嶄露頭角的機會。

◎『廉府坐命』戌宮的人，你的父母宮是『太陰廟旺』，有多財個性寬容的父母。兄弟宮有『陽梁相照』，也能得到兄弟的扶持。你的夫妻宮是『破軍』，可能會有再婚的可能，因為夫妻相處不利、感情不佳。子女宮也是『同巨陷落相照』，與子女緣份差、溝通不好，且口角是非多。你的朋友宮是『陽梁』，可得到朋友、屬下的幫忙，這是很有利於官途、事業發展的。因此在生財的助力上，父母、朋友、兄弟會給你很大的助力。

◎**『廉府坐命』戌宮的人，你的官祿宮是『武相』**，必須離鄉背井，可得到大權勢與高地位。事業上帶來的錢財豐富。**你的財帛宮是『紫微』**，一生不為財愁、金錢運都很好，是最快樂享福的金錢運了。**但是你的福德宮是『貪狼』**，故你一生不安現狀，勞心勞力不得安寧，而且是祈求過多、慾望過多的人。**你的田宅宮是『同巨陷落』**，房地產很少，且不易留存。若有『火、鈴』進入子、午宮，在子、午年時也會爆發『偏財運』，獲得大財富，但終不免暴起暴落的煩惱。

◎**『廉府坐命』戌宮的人，你的『財庫』在二至五億元左右，多為自己享用了，會留下來的不多。**

12 『紫微在午』命盤格式，『太陰坐命』亥宮的『財庫』

◎在『紫微在午』命盤格式裡，倘若你是『太陰坐命』在亥宮的人，因對宮『天機居平相照』，在外面的環境多起伏不順。

◎若有『昌曲』在命宮，可為藝文界之名人，且喜命理五術。壬年生的人有『祿存、太陰』同宮，或丁年生的人有『太陰化祿』、戊年生的人有『太陰化權』，會有大富貴。一般來說，『太陰坐命』的人以夜生的人，主富貴。

◎『太陰坐命』亥宮的人，若是獨坐，是『月朗天門』的格局，其官祿宮是『陽梁』，主貴。從官職，可得高權位。**你的財帛宮是『同巨陷落相照』**，手邊的錢少，是非又多，讓你煩亂。**你的福德宮又是『同巨陷落』**，故一生勞碌，享不到福。**你的田宅宮是『武相』**，這是唯一能保留財富的地方了，辛勤勞苦、努力積蓄，可存起好多棟的房地產來。

◎『太陰坐命』亥宮的人，六親宮中，父母不能溝通，緣份淺。兄弟宮是『廉府』，感情尚好，但不得力。**夫妻宮是『陽梁相照』**，配偶很賢明，且有因配偶而富貴的狀況。**子女宮是『破軍』**，感情差，子女讓你破耗多。**朋友宮是『七殺』**，得不到好朋友及屬下的幫忙。因此在你生財的助力上，只有配偶是你生財的助力。

◎『太陰坐命』亥宮的人，你的『財庫』大約在一至三億元左右。

◎有祿星在『命、財、官』的人，其『財庫』約有二至伍億元以上。

8.紫微在未

巳	午	未	申
	天機(廟)	紫微(廟) 破軍(旺)	
辰			**酉**
太陽(旺)			天府(旺)
卯			**戌**
武曲(平) 七殺(旺)			太陰(旺)
寅	**丑**	**子**	**亥**
天同(平) 天梁(廟)	天相(廟)	巨門(旺)	廉貞(陷) 貪狼(陷)

1 『紫微在未』命盤格式，『巨門坐命』子宮的『財庫』

◎在『紫微在未』命盤格式裡，倘若你是『巨門坐命』子宮的人，因對宮『天機星』相照，一生運程變化多端。幼年坎坷，多疑善妒。是非纏身，終身勞碌奔波。

◎『巨門坐命』子宮的人，若加會『化祿、化權、化科』為『石中隱玉』格，較會富貴，辛年、癸年生的人會碰到。丁年生的人有『巨門化忌』，最忌諱『羊、陀』來夾，此為『羊陀夾忌』，會有性命之憂。若在命盤三合處有湊殺，會遭火厄，不得不防！

◎『巨門坐命』子宮的人，你的六親宮中有父母、配偶、子女的緣份都很好，**只有兄弟宮『廉貪陷落』，朋友宮亦是『廉貪陷落相照』**，兄弟感情惡劣。也得不到朋友、屬下的幫忙。因此只有父母、配偶、子女是你生財的助力。

◎**『巨門坐命』子宮的人，你的財帛宮是『同梁相照』**，錢財不是很多，但是一種安享的局面。**你的官祿宮是『太陽居旺』**，在工作上可獲得高職位，此為主貴的形式，因此從教職、民意代表、業務員，會有很好的成就。**你的福德宮又是『同梁』**，一生快樂平順的享受生活、福份好。**你的田宅宮是『武殺』，這是『因財被劫』的形勢**，故房地產不多，常有進出留存不易。也屬於財庫破了的一種。

◎**『巨門坐命』子宮的人，你的『財庫』，大致在八千萬元至三億元左右。癸年生的人，命宮有『化權、祿存』，可有二、三億元之財富。**

2 『紫微在未』命盤格式，『天相坐命』丑宮的『財庫』

◎在『紫微在未』命盤格式裡，倘若你是『天相坐命』丑宮的人，你有一付好脾氣，刻苦耐勞，謹慎穩重，又樂於助人，是人人喜歡的典型人物。

◎『天相坐命』丑宮的人，居家多財數，豐衣足食。因對宮是『紫微、破軍』相照，更是努力求上進、刻苦耐勞了，成就也會不錯。但是『天相坐命』的人，不能有『火鈴、羊陀』同坐命宮或照會，會有心神不寧、福澤減底、成就不高的情況發生。個性上也會陰沈、暴躁。

◎『天相坐命』丑宮的人，你幼時受到父母很好的照顧，與父母緣深。**你的兄弟宮是『巨門居旺』**，與兄弟的口舌是非多，得不到助力。**你的夫妻宮最差，是『廉貞陷落』入宮**，與配偶的關係不好，有離婚再婚的可能，夫妻爭吵打架無寧日，也可能有生離死別的現象。**你的子女宮是『太陰居旺』**，你與女兒的感情好，因此父母、子女，尤其是女兒，最是你生財的助力了。

◎『天相坐命』丑宮的人，你的財帛宮是『天府居旺』，『天府』是『財庫星』，一生財多順遂，真應了『居家多財數』那句話。**但是你的福德宮是『武殺』，這又是『因財被劫』**，享不到福。**官祿宮是『空宮』，有『廉貪相照』**，職位不高。**你的田宅宮是『太陽居旺』**，房地產多不勝數，財庫豐滿。

◎『天相坐命』丑宮的人，你的『財庫』，至少在一至三億元以上。

3 『紫微在未』命盤格式，『同梁坐命』寅宮的『財庫』

◎在『紫微在未』的命盤格式中，倘若你是『天同、天梁』坐命在寅宮的人，你也有好脾氣，愛照顧他人的好個性，心地善良，思想清高，處世平和，時常有貴人相助。

◎『同梁坐命』寅宮的人，本命就坐在『機月同梁』格上，又有不喜歡與人爭鬥的個性，所以做公職是最福厚的了。倘若再有『文昌、左輔、右弼』同宮，是頗具文名的人，著述出版，可享盛名。

◎『同梁坐命』寅宮的人，你的六親宮中，父母宮為『武殺』，緣份較薄，『因財被劫』的關係，所以處不好。你的夫妻宮是『巨門』，口角多。你的子女宮是『廉貪陷落』，緣份更差。只有兄弟宮是『天相』，對你生財上較有助力。朋友宮是『紫破』，朋友多是高地位，高學養的人，但不得力。

◎**『同梁坐命』寅宮的人，你的財帛宮是『太陰居旺』**，財星坐財帛宮，手邊流動的錢財旺盛，一生不會為錢煩惱。**你的官祿宮是『天機居廟』**，會有很多變的事業起伏。**你的福德宮是『太陽居廟』**，一生忙碌，但是福份仍厚，能享受你得來的錢財。**但是你的田宅宮卻是『廉貪陷落相照』**，雖可繼承祖業，也會被你全部賣掉。

◎**『同梁坐命』寅宮的人，你的『財庫』一、二億元左右。**

4 『紫微在未』命盤格式，『武殺坐命』卯宮的『財庫』

◎**在『紫微在未』的命盤格式中，倘若你是『武曲、七殺』坐命在卯宮的人**，你是性急而能幹的人，非常有膽識，有謀略，少年時過得

你的『財庫』有多大

辛苦。年長時有志向較好。利公職、政界發展。

◎**『武殺坐命』卯宮的人**，六親宮中有父母宮、兄弟宮、夫妻宮都非常好。婚姻美滿，兄弟、朋友都是生財的助力。

◎**『武殺坐命』卯宮的人，因本命即是『因財被劫』，財不多，若命宮再有『擎羊』同宮會照會，會有『因財持刀』的狀況發生。**倘若有『祿星』（化祿或祿存）來照會，財富會稍多一點。**你的財帛宮是『廉貪陷落』**，財運困難。流年再逢『廉貪陷落』的運程，更是拮据困苦。**因福德宮也是『廉貪陷落相照』**，一生勞苦，為錢奔命，也享不到福。**還好官祿宮是『紫破』**，是一片辛苦打拚，開創的局面。因此從公職是最好不過的了，多從事競爭強烈的工作。**你的田宅宮是『天機廟旺』**，會失去全部的不動產之後，自己再購置。

◎**『武殺坐命』卯宮的人，你的『財庫』在七、八千萬至二億元左右。**

5 『紫微在未』命盤格式，『太陽坐命』辰宮的『財庫』

◎在『紫微在未』的命盤格式裡，倘若你是『太陽坐命』辰宮的人，你有寬大開朗、不記仇的心胸，因對宮『太陰』也是居旺相照，你為人正直，機敏、人緣好。無論男女都會少年得志，成就非凡，且有早婚的現象。

◎『太陽坐命』辰宮的人，你的父母宮有『廉貪陷落相照』，與父母處不好。**兄弟宮是『武殺』**，『因財被劫』的影響，也處不好。**夫妻宮在『同梁』**，婚姻美滿。**子女宮是『天相』**，子女也是乖巧有緣的人。**朋友宮在『天府』**，朋友是助你生財的最大助力了。

◎『太陽坐命』辰宮的人，你的財帛宮是『巨門居旺』。必是白手起家生財，鬧中進財，但因自傲或貪心，會暴起暴落。而且因錢財的是非麻煩不斷。**福德宮為『天機居廟』**，早年你會辛勤努力，晚年才會享清福。**你的田宅宮是『紫微、破軍』**，財庫仍有破耗，你會賣掉祖先留給你的不動產，自己再購置。

◎『太陽坐命』辰宮的人，你的『財庫』有一至三億元上下。

6 『紫微在未』命盤格式，『空宮坐命』巳宮的『財庫』

◎在『紫微在未』命盤格式裡，倘若你是坐命在巳宮又是『空宮』的話，因對宮有『廉貪陷落相照』，在外所遇到的環境多不順利，運氣不好。宜從事軍旅職。

◎坐命巳宮為『空宮』的人，六親宮中，父母宮是『天機居廟』，受父母的恩澤很大。**兄弟宮是『太陽居旺』**，有得力能幫助自己的兄弟。**子女宮是『同梁』**，子女溫和、緣份深感情好。**朋友宮是『太陰居旺』**。可見男人女人都對你有助力。**只有夫妻宮是『武殺』**，『因財被劫』相處困難。因此朋友、父母、兄弟、子女都是你生財的助力。

◎坐命巳宮為『空宮』的人，你的財帛宮是『天相』，手邊流動的錢財充足。**你的官祿宮是『天府』**，事業會為你帶來很好的財運，收入好，職位高。**你的福德宮是『紫破』**，一生勞心勞力，福份較薄，直到晚年才可享清福。**你的田宅宮是『同梁相照』**，你的房地產會先失去，再購置。

◎坐命巳宮為『空宮』的人，你的『財庫』在一、二億元左右。命宮中有『祿存』的人，一生的『財庫』會達二億元以上。

7 『紫微在未』命盤格式，『天機坐命』午宮的『財庫』

◎在『紫微在未』的命盤格式中，倘若你是『天機坐命』午宮的人，因有『巨門相照』，你是機謀多變，脾氣暴躁的人。

◎『天機』是『動感』十足的星座，因此你一生的事業、環境也常改變，且忙碌異常，若有『化權、化祿、化科』同宮或相照，對『天機』的幫助都很大，會增加辦事能力，條理分明，以及口才上能力。

◎『天機坐命』午宮的人，你的父母宮是『紫破』。雖然父母對你很好，但是仍然難相處。**你的兄弟宮有『廉貪相照』**，與兄弟之間的感情差，相互招災拖累。**夫妻宮是『太陽居旺』**。會有因配偶之力，提高自己身份地位的情況。夫妻間感情好。**子女宮是『武殺』**，又是『因財被劫』的困擾，相處不易。**朋友宮也是『廉貪』**，會受到朋友的嫉妒、憎恨和出賣。關係真是太不好了！只有配偶會幫助你。

◎**『天機坐命』午宮的人，你的財帛宮是『同梁』**，是一種白手生財，平順而已的生財方式。**你的官祿宮是『太陰居旺』**，文職可居高位，得到錢財也很多。**你的福德宮也是『同梁相照』**，這是一種快樂享受、清靜安逸的享福方式。**你的田宅宮是『天府居旺』**，你能獲得許多祖產來讓你守成，自己購置的房地產也很多，這真是財庫星入財庫，適得其所了！

◎**『天機坐命』午宮的人，你的『財庫』大約在二億元之譜。命宮有『祿存、化祿』的人，可達三億元左右。**

吉人天相保平安

8 『紫微在未』命盤格式，『紫破坐命』未宮的『財庫』

◎在『紫微在未』的命盤格式中，倘若你是『紫微、破軍』坐命在未宮的人，你很具有領導能力，因獨立性、判斷性準確，故你喜愛多思慮操勞，是一個典型的勞心之人。

◎『紫破坐命』未宮的人，你也有身上多傷、一生運程起伏大的問題，這也是本命坐在『殺、破、狼』格局上的關係。

◎『紫破坐命』未宮的人，你的父母宮是『同梁相照』，父母溫和但不得力。**兄弟宮是『天機居廟』**，兄弟尚能互相幫助。**夫妻宮是『廉貪陷落相照』**，夫妻間感情差、吵架打架無寧日，且有生離死別的狀況發生，一生多次婚姻的紀錄。**子女宮是『太陽居旺』**，有成就主貴的兒子。**朋友宮是『巨門居旺』**，朋友間多是非口角而且關係不好。因此能成為你生財助力的就是你的兄弟、子女了。

◎**『紫破坐命』未宮的人，你的財帛宮是『武殺』**，你必須辛勤勞苦的去賺錢，又因『因財被劫』的關係，破耗很多，手邊財來財去留不住。**你的官祿宮是『廉貪陷落』**，因此你的職位不高。想要升官也不容易。**你的福德宮是『天府』**，一生福份好，又多才多藝，而且你是一個喜愛物質享受的人，你所賺來的錢財，都讓你自己享受到了。**你的田宅宮是『太陰居旺』**，『太陰』是田宅主。坐在『財庫』裡，當然房地產有二、三棟，是一個還算富裕格局。

◎**『紫破坐命』未宮的人，你的『財庫』約在一、二億元以上。『財、官』二宮有『祿存』的人，可達三億元。**

9 『紫微在未』命盤格式，『空宮坐命』申宮的『財庫』

◎在『紫微在未』命盤格式裡，倘若你是坐命申宮為『空宮』的人，因對宮有『同梁相照』，你也具有溫和、正直的個性、思想清高的品行，因『機月同梁』格在四方三合處照會，因此從公職或固定上班的上班族，會有很好的發展。

◎坐命申宮為『空宮』的人，你的父母宮是『天府』，父母多財會幫助你。**你的兄弟宮是『紫破』**，兄弟相處尚可，但不得力。**夫妻宮是『天機居廟』**，配偶的個性剛強，為夫的年紀較長一些較好。**子女宮是『廉貪陷落相照』**，與子女的關係惡劣。**朋友宮是『天相居廟』**，有感情深厚的友人或屬下能幫助自己。因此在你生財的助力上就屬父母、配偶、朋友最得力了。

◎坐命申宮為『空宮』有同梁相照的人，你的財帛宮是『太陽居旺』，一生手邊的錢財豐足充裕，不會為錢煩惱。**你的福德宮是『太陰居旺』**。你是一個有浪漫情懷的人，一生享福，福厚，安逸快活的過日子。**你的官祿宮是『巨門居旺』**，做教師靠口才吃飯最好了，此外做民意代表，推銷員也會有很好的成就。但是事業上的口舌是非也很多。靠口才可以化解。**你的田宅宮是『廉貪陷落』**，縱使有祖業，也會被你全部賣掉，所以你是留不住房地產的。

◎坐命申宮為『空宮』有同梁相照的人，你的『財庫』約在一、二億以上。

好運一定強

10 『紫微在未』命盤格式，『天府坐命』酉宮的『財庫』

◎在『紫微在未』的命盤格式裡，倘若你是『天府坐命』酉宮的人，你很具有領導的才幹，常做領袖級的人物。本性較喜愛物質享受，喜歡把自己弄得很忙碌。倘若有『昌曲、左右』加會，會有高官厚祿。若有『羊陀、火鈴』加會，人就會變得奸詐了，財也會少一點了。『天府坐命』酉宮的人，宜公教人員，會有好的成就。

◎『天府坐命』酉宮的人，你的六親宮中，你受父母的恩澤大，尤其和母親緣份深，感情好。你有溫和的兄弟。**夫妻宮是『紫破』**，若娶年長之妻，可改善不和睦的關係。**子女宮是『天機廟旺』**，有聰明活潑的子女。**朋友宮是『同梁』**，你深得朋友及屬下的信賴及仰慕，且能得到他們的協助，成就大事業。因此能助你生財的是父母、兄弟、朋友的助力。

◎『天府坐命』酉宮的人，你的財帛宮是『廉貪陷落相照』，財富是一種不穩定的狀況，每當流年、流月逢經巳、亥宮都會有經濟拮据的狀況發生。**你的福德宮也是『廉貪陷落』**，一生勞碌奔波，勞心勞力。**你的官祿宮是『天相居廟』**，不論文職、武職皆可居高位。因此在錢財的獲得上也有高薪穩定的收入了。**你的田宅宮是『巨門居旺』**，這是『巨門』暗曜所在之最好的位置了。可使你的財庫豐滿，錢財接踵而來，不動產也購置很多。

◎『天府坐命』酉宮的人必須『命、財、官、夫、遷、福、田』沒有『羊陀、火鈴、劫空、化忌』的人，你的『財庫』大約一至五億元左右。

◎命宮中有『祿星』（祿存及化祿星）的人，財富可至數十億、數百億元以上。

◎曾經是世界上最富有之華人的蔡萬霖先生，即為此命格。

11 『紫微在未』命盤格式，『太陰坐命』戌宮的『財庫』

◎在『紫微在未』命盤格式裡，倘若你是『太陰坐命』戌宮的人，你是一個溫柔體貼、內向有機智，感情細膩的人，而且很喜歡思考。若有『昌曲、左右、魁鉞』六吉星來照會，主大貴。丙年生的人，在命宮三合處有『天同化祿』、『天機化權』。丁年生的人本命是『太陰化祿』，三合處有『天同化權』、『天機化科』，是一種財官雙美的格局。（『機月同梁』格皆在旺地）

◎『太陰坐命』戌宮的人若有煞星（羊陀、火鈴）同宮或照會，一生多遇驚險的事情，成就會不大，又『太陰』加『擎羊』，入命宮，流年不好，會自殺。

◎歌星于楓即是此命。

◎『太陰坐命』戌宮的人，你的六親宮中，與父母相處惡劣。兄弟宮是『天府』，兄弟會在財物上給你支援。**夫妻宮是『同梁相照』**，配偶年紀比你大，很會照顧你。夫妻恩愛。**子女宮有『紫破』**。親子間關係不合，且可能有生離之現象。**朋友宮是『武殺』，『因財被劫』**，交不到好朋友，因此能助你生財的只有兄弟最得力了。

◎『太陰坐命』戌宮的人，你的財帛宮是『天機廟旺』，白手生財，且需勞心費力，要到晚年才會好。**你的官祿宮是『同梁』**，辛苦打拚以後，地位才會高。**你的福德宮是『巨門居旺』**。勞碌奔波，常常徒勞無功，是一個無福可享的人。**你的田宅宮是『天相廟旺』**，可繼承祖先之不動產，也可自置房地產。

◎『太陰坐命』戌宮的人，你的『財庫』大約在一、二億元左右。倘若命宮有『化祿』坐命的人，財富可達三億元以上。

12 『紫微在未』命盤格式，『廉貪坐命』亥宮的『財庫』

◎在『紫微在未』命盤格式裡，倘若你是『廉貞、貪狼』坐命亥宮的人，因本命也是坐在『殺、破、狼』的格局上，而『廉貞、貪狼』均為陷落，故此命局的人，一生的波折較多，顛沛勞碌，有福也不耐久。

◎『廉貪坐命』亥宮的人，壬年生的人有『祿存』同坐命宮，有衣食祿。甲年生的人有『廉貞化祿』，戊年生的人有『貪狼化祿』，人際關係會好一點，財也會多一些。否則在命宮三合處有『破軍、武殺』等星照會，『因財被劫』，造成對外關係的不順，命程會一生孤寒。丙年生的人有『廉貞化忌』、癸年生的人有『貪狼化忌』，一生禍事多，命格也不高，實在要小心了！

◎『廉貪坐命』亥宮的人，與父母之間多口角是非，關係不妙。

兄弟宮是『太陰居旺』，與姐妹的感情較佳，能得到姐妹的幫助。**夫妻宮是『天府』**，配偶是你的『財庫』，夫妻恩愛。**子女宮是『同梁』**，子女溫和乖巧。可見你有很好的家庭運。**朋友宮是『太陽居旺』**，能獲得有力的好朋友或部屬的幫助。因此，你的家庭與朋友都是為你生財的好助力。

◎**『廉貪坐命』亥宮的人，你的財帛宮是『紫微、破軍』**，手邊錢財流通的狀況不錯，但是破耗也不少，有浪費的跡象。**你的官祿宮是『武殺』**，因此從軍職可橫立功名。做其他的行業將會辛勞奔波而無所獲。**你的福德宮是『天相居廟』**，一生福份好，安逸快樂，追求時髦。**你的田宅宮是『同梁』入宮**，房地產常會失去後再購置，是一種不穩定的狀態。

◎**『廉貪坐命』亥宮的人，你的『財庫』在七千萬至二億元上下。**

9.紫微在申

太陽(旺) 巳	破軍(廟) 午	天機(陷) 未	紫微(旺) 天府(得) 申
武曲(廟) 辰			太陰(旺) 酉
天同(平) 卯			貪狼(廟) 戌
七殺(廟) 寅	天梁(旺) 丑	廉貞(平) 天相(廟) 子	巨門(旺) 亥

1 『紫微在申』命盤格式，『廉相坐命』子宮的『財庫』

◎在『紫微在申』的命盤格式中，倘若你是『廉貞、天相』坐命在子宮的人，你的個性堅強、灑脫豪放，宜做公職。甲年生的人有『廉貞化祿』。癸年生的人有『祿存』同在命宮。己年生的人在命宮三合處有『武曲化祿』、『貪狼化權』，都是主富的。只有丙年生的人有『廉貞化忌』，會惹官非，一生運程起落較大。

◎『廉相坐命』子宮的人，你有慈愛的雙親，與父母緣深感情好。兄弟宮是『巨門』，兄弟不和亦不得力。**夫妻宮是『貪狼』**，婚姻運欠佳，可能會更換配偶。**子女宮是『太陰居旺』**，會有感情深厚的女兒。**朋友宮是『太陽居旺』**，可得到朋友、屬下的愛戴。朋友運佳。因此，父母、子女、朋友都是助你生財的助力。

◎**『廉相坐命』子宮的人，你的財帛宮是『紫府』**，一生財運通順，財多富足，但對錢財的處理很保守，一生從不為錢發愁。**你的官祿宮是『武曲居廟』**，『武曲』是正財星，在官祿宮，任武職能居高位，己年生的人有『武曲化祿』，會發大財。『武曲化祿』與對宮的『貪狼化權』形成最強的『武貪格』，辰、戌年會暴發『偏財運』，此局多半爆發在事業上，也可獲得大財富。**你的福德宮是『七殺』**，一生操勞打拚不能休息，到晚年才可享清福。**你的田宅宮是『天同居平』**，這是一種白手起家，房地產慢慢增多的現象。

◎**『廉相坐命』子宮的人，『命、財、官、夫、遷、福、田』沒有『羊陀、劫空、化忌』的，你的『財庫』大約是一至五億之間。**

◎**己年生的人，『財庫』超過十億以上。**

2 『紫微在申』命盤格式，『天梁坐命』丑宮的『財庫』

◎在『紫微在申』命盤格式中，倘若你是『天梁坐命』丑宮的人，你有正直清楚的頭腦，壽命長。因對宮有『天機陷落』的影響，每過羊年就會有個壞運程，而且老運也不好。

◎『天梁坐命』丑宮的人，你的『陽梁昌祿』格非常完整旺盛，乙年生的人，有『天梁化權』。壬年生的人有『天梁化祿』。這都是富貴雙全的命格。從官職可居高位。

◎『天梁坐命』丑宮的人，你的父母宮是『七殺』，你與父母相處辛苦。**你的兄弟宮是『廉相』**，你與兄弟相處和睦，但不得力。**你的夫妻宮是『巨門』**，夫妻間口角是非多。**子女宮是『貪狼』**，子女不好管教。**你的朋友宮是『破軍』**，可有得力之朋友和助手，但必須付出很大的代價，因此助你生財的人，只有朋友了。但是也讓你多所破耗。

◎『**天梁坐命』丑宮的人，你的財帛宮是『太陰居旺』**，手邊可運用的財多，而且儲蓄也多。**你的官祿宮是『太陽居旺』**，在事業上能居高位。你的官祿宮正坐在『陽梁昌祿』格上，故從公職是最恰當的了。**你的福德宮是『天同居平』**，你的身體很忙碌，但是心靈卻很快樂安逸。是個有福有壽的人。**你的田宅宮是『武曲居廟』**，可得祖先所傳之大產業，自己也會再購置。在辰、戌年時，也會因『武貪格』的暴發，獲得大財富。

◎**『天梁坐命』丑宮的人，你的『財庫』在二億至五億元左右。**

3 『紫微在申』命盤格式，『七殺坐命』寅宮的『財庫』

◎在『紫微在申』的命盤格式中，倘若你是『七殺坐命』寅宮的人，因對宮『紫微、天府』相照，此為『七殺仰斗』格，為一富貴之格，一生爵祿榮昌。

◎甲年生的人有『祿存』在命宮，『破軍化權』在三合處照會。丁年生的人有『祿存』在命宮三合處照會。己年生的人更好了，有『祿存』在午宮（三合處）照會，還有財帛宮的『貪狼化權』與福德宮的『武曲化祿』，同來照會命宮。這些都是極度富貴的命局，尤其是己年生的人發富更鉅。

◎『七殺坐命』寅宮的人，你的六親宮中，父母溫和。兄弟手足情深，很能照顧你。**夫妻宮是『廉相』**，夫妻間有相同的嗜好，都喜愛

你的『財庫』有多大

應酬，彼此和睦。**子女宮是『巨門』**，子女間口角較多。**朋友宮是『天機陷落』**，朋友運較差，交不到好朋友。因此整個家庭給你在生財的助力上是很大的。

◎『七殺坐命』寅宮的人，你的財帛宮是『貪狼』，與對宮『武曲』相照，形成『武貪格』，一生有多次暴發『偏財運』的好機會，財富像雪球愈滾愈大。**而且你的福德宮是『武曲居廟』**，你是能安然享受你的財富的。**你的田宅宮是『太陽居旺』**，你的家大業大，房地產多不勝數。

◎『七殺坐命』寅宮的人，你的『財庫』至少有一至五億元以上。

◎己年生的人，高官厚祿，有數十億元、數百億元之譜。

4 『紫微在申』命盤格式，『天同坐命』卯宮的『財庫』

◎在『紫微在申』的命盤格式裡，倘若你是『天同坐命』卯宮的人，因對宮有『太陰』相照，你有溫和柔美的氣質，個性也較平穩、踏實。乙年生的人有『祿存』在命宮。丙年生的人，命宮是『天同化祿』。丁年生的人命宮是『天同化權』。辛年生的人，有『祿存』在對宮相照，『化祿星』在三合處相照。這些命局都是主財官雙美的格局，而且為富不少。

◎『天同坐命』卯宮的人，你的父母宮是『武曲』，父母有錢、個性剛直，非常愛護你，但你與父母緣份淡薄。**你的兄弟宮是『七殺』**，兄弟不和。**你的夫妻宮是『天梁』**，配偶的年紀較大，彼此和諧、婚姻美滿。**你的子女宮是『廉相』**，親子關係不融洽。**朋友宮是**

你的『財庫』有多大

『紫府』，可得到好朋友及好部屬的幫助。因此在你生財的助力上有配偶、朋友能幫助你。

◎**『天同坐命』卯宮的人，你的財帛宮是『巨門』**，一生勞碌奔波，常常徒勞無功，而且在生財的過程中，是非口舌的麻煩也多，你的**福德宮是『太陽居旺』**，一生忙碌，老年可享清福。**你的官祿宮是『天機陷落』**，做公務員雖好，但一生晉陞的機會卻不多，始終官職不高，還好你是會享福的人。**你的田宅宮是『破軍廟旺』**，能守祖業，家業會蒸蒸日上，但是也時有破耗，房地產進進出出。

◎**『天同坐命』卯宮的人，**在辰、戌年也會暴發『偏財運』，得到一些大財富。

◎**『天同坐命』卯宮的人，一般人一生有數千萬元至一億元以上的『財庫』。乙、丙、丁年生的人一生有二億元以上的『財庫』。辛年生的人一輩子有三億以上的『財庫』。**

5 『紫微在申』命盤格式，『武曲坐命』辰宮的『財庫』

◎在『紫微在申』的命盤格式中，倘若你是『武曲坐命』辰宮的人，你的個性剛直，有強烈的判斷力，對事業的表現很積極。因對宮有『貪狼相照』，事業定有成就，但發跡較晚。辰、戌、丑、未年生的人，又生在西北的話，富貴極大，但少年不利。此外戊年生的人，對宮有『貪狼化祿』。己年生的人，命宮是『武曲化祿』，對宮是『貪狼化權』。庚年生的人有『武曲化權』。這些命局都是極度富貴的。尤其是己年生的人，出將入相，位極一品。

◎例如郝柏村先生即是己年生有『武曲化祿』在命宮的人。

◎『武曲坐命』辰宮的人，因本命就坐在『武貪格』上，一生爆發好運的機會很多。在辰、戌年時可逢到。倘若有『火、鈴』進入辰、戍二宮，雖可能爆發雙重的『偏財運』，但是『火、鈴』與『武曲』同在命宮的時候，也會產生『因財被劫』的影響，人會變得具有怪異行為，成為吝嗇的小人。

◎『武曲坐命』辰宮的人，你的六親宮中與父母的感情好，兄弟和睦但不得力。夫妻宮是『七殺』，要聚少離多，否則會有不睦或生離死別的狀況發生。**子女宮是『天梁』**，有緣深感情好的子女。**朋友宮是『太陰居旺』**，可得眾多的好朋友與得力助手。因此可助你生財的是父母和子女、朋友。

◎『武曲坐命』辰宮的人，你的財帛宮是『廉相』，這是一種運用頭腦，然後在平順中生財，漸積漸多的現象。**你的官祿宮是『紫府』**，是個高職位、高收入的事業。**你的福德宮是『破軍』**，一生都辛苦勞碌，是個絲毫都不能放鬆的人。**你的田宅宮是『天機陷落』**，房地產始終是失去後再購置的狀況，是很不穩定的。因此住公家機關宿舍最好了。

◎『武曲坐命』辰宮的人，你的『財庫』至少在一至五億元以上。

◎己年生的人一生的『財庫』，有數十億之多。

6 『紫微在申』命盤格式，『太陽坐命』巳宮的『財庫』

◎在『紫微在申』的命盤格式中，倘若你是『太陽坐命』巳宮的人，你有寬大的心胸，志向也遠大，但自信心薄弱。因對宮有『巨門相照』，口舌是非很多，常造成你在做事上有『後繼無力』的感覺。

◎『太陽坐命』巳宮的人，丙年、戊年生的人有『祿存』在命宮。庚年生的人有『化祿』在命宮。辛年生的人命宮有『太陽化權』，對宮有『巨門化祿』。這些命局都是主富的。

◎『**太陽坐命**』**巳宮的人，你的六親宮中，父母宮是『破軍』**，與父母緣淺，相處不易。**你的兄弟宮是『武曲』**，兄弟不和。**夫妻宮是『天同居平』**，晚婚偕老，配偶忙碌。**子女宮是『七殺』**，親子關係不睦。**朋友宮是『貪狼』**，會有背叛及受其拖累的朋友。因此你必須靠自己生財。

◎『**太陽坐命**』**巳宮的人，你的財帛宮是『天梁居旺』**，可得貴人財，財帛富足，清高中生財。**你的福德宮是『天機陷落』**，一生勞碌奔波，享不到福，物質錢財的享受也少。**你的官祿宮是『太陰居旺』**，文職可居高位。『**太陰**』**是財星**，故事業會給你帶來財富。**你的田宅宮是『紫府』**，不動產豐厚，是大富之命。

◎『**太陽坐命**』**巳宮的人，你的『財庫』至少在一至三億元以上。命宮有『祿存』、『化祿』、『化權』的人，一生財富可達五億元。**

7 『紫微在申』命盤格式，『破軍坐命』午宮的『財庫』

◎在『紫微在申』的命盤格式中，倘若你是『破軍坐命』午宮的人，你有堅毅愛打拚的個性，是個喜歡開創新局面的人。丁年、己年生的人有『祿存』在命宮。癸年生的人命宮是『破軍化祿』。甲年生的人，命宮是『破軍化權』，對宮有『廉貞化祿』，這些命局都是較富的命局。尤其是甲年、癸年生的人，又坐命破軍在午宮的話，稱為『英星入廟』格，是既富且貴的格局，不但主掌大權，且財源滾滾。

◎『破軍坐命』午宮的人，你的六親宮中，父母宮是『天機陷落』，很可能為他人領養，二姓寄居，或是為女方招贅，跟自己親生的父母無緣。**你的兄弟宮是『太陽居旺』**，有緣深且可欽服自己的兄弟。**夫妻宮是『武曲』**，配偶個性剛強，晚婚較可避免不和睦的現象，配偶

你的『財庫』有多大

也是讓你財星高照的人。**子女宮是『天同居平』**，子女乖巧但不得力。**朋友宮是『巨門居旺』**，與朋友之間的是非較多，朋友中多陰險狡詐，心術不正的人。因此能成為你生財助力的人只有配偶了。

◎『破軍坐命』午宮的人，你的財帛宮是『七殺廟旺』，拼命打拚，得財很多。**你的福德宮是『紫府』**，可見你是可以享受自己打拚回來的錢財，而且享受得很好，你特別注重物質和精神上的享受，因此在整個命程上，是以享受為主的。**你的官祿宮是『貪狼』**，武職可做高位。一生在事業上的好運很多，因你的官祿宮正坐在『殺、破、狼』格局上，故事業的起伏很大。**再加上與對宮『武曲』，形成『武貪格』**，辰、戌年在事業上會暴發極度的旺運，讓事業衝到高點。因此『破軍坐命』午宮的人，你是個做大事業的人！**你的田宅宮是『太陰居旺』，『太陰』是陰財**，也是田宅主。故房地產豐厚，有好幾棟。

◎『破軍坐命』午宮的人，必須『命、財、官、夫、遷、福、田』等宮沒有『化忌、羊陀、劫空』，**你的『財庫』至少在三至五億元以上。倘若是甲年生的人，其的『財庫』可至十億元以上。**

8 『紫微在申』命盤格式，『天機坐命』未宮的『財庫』

◎在『紫微在申』的命盤格式裡，倘若你是『天機坐命』未宮的人，因『天機』在未宮是居陷，對宮是『天梁居旺相照』。幼年時坎坷，一生運程轉折不順。『天機』喜動又是陷落，故不聚財，不宜經商，宜為薪水階級的上班族，方能有成。乙年生的人有『天機化祿』、『天梁化權』。丙年生的人有『天機化權』，雖稍好，但『天機』為陷落之星，因此『天機化權』並沒有很大的力道。壬年生的人有『天梁化祿』。因此乙年和壬年生的人前程較好，較有成就，若再有左右相夾，或昌曲照會，事業的成就會很大。

◎**『天機坐命』未宮的人，你的父母宮是『紫府』**，父母對你的恩澤深厚，父母財多，會時時照顧你。陽年生的男子、陰年生的女子，在十歲以後過得很好，一生的運程較順遂。陰年生的男子、陽年生的女子，幼年真是坎坷不順，二十歲以後才慢慢好起來，但一生勞碌奔波。**你的兄弟宮是『破軍』**，兄弟不和，沒有助力，且常讓你破耗。**夫妻宮是『太陽居旺』**，配偶可提升你的地位，夫妻恩愛和諧。**子女宮是『武曲』**，親子關係不佳。**朋友宮是『廉相』**，到晚年才可得到好朋友和得力的助手。因此助你生財的是父母、配偶。

◎**『天機坐命』未宮的人，你的財帛宮是『天同居平』**，白手生財，辛勤忙碌，財富漸積。你**的福德宮是『太陰居旺』**，你是一個有浪漫思想，很會享福的人，一生也可以快樂安逸的過日子。**你的官祿宮是『巨門居旺』**，武職可至高位，工作上的是非較多，也可做運用口才的職業，倘若是辛年生的人有『巨門化祿』，靠口才吃飯，如做教師、民意代表之類更佳。你的田宅宮是『貪狼』，與房地產的緣份低，但是在辰、戌年時會暴發『武貪格』的旺運，仍會突然得到一筆財富或房地產，但是『天機坐命』未宮的人對錢財算計不精，會有暴起暴落的現象。

◎『天機坐命』未宮的人，你的『財庫』大約在一億元左右。

◎陽男陰女的運程較好，財會多一些。或是乙、壬年生的人，事業上較有成就，其『財庫』會在二、三億元以上。

9 『紫微在申』命盤格式，『紫府坐命』申宮的『財庫』

◎在『紫微在申』命盤格式裡，倘若你是『紫微、天府』坐命在申宮的人，你在幼年時身體會有缺傷，或家庭有缺陷。你的個性十分保守慎行，很具有領導能力。因極貴、極富的星都坐在命宮裡了，其他的宮中之星能與之配合的就較少，層次較低了。庚年生的人有『祿存』在命宮。己年生的人有『武曲化祿』在財帛宮，戊年生的人有『貪狼化祿』在福德宮，都是極富的人。己年生的人有『貪狼化權』，庚年生的人有『武曲化權』。甲年生的人有『祿存』在對宮寅宮相照，都是權勢財勢一流的人。

◎『紫府坐命』申宮的人，你的六親宮中，父母對你的恩澤深厚，你與母親的感情較好。你的兄弟宮是『天機陷落』，與兄弟不和，常因兄弟招災。**你的夫妻宮是『破軍』**，夫妻不和睦，有多次婚姻的紀錄。**子女是『太陽居旺』**，有成就很好的子女。**你的朋友宮是『天梁居旺』**，一生你會有許多的好朋友給你幫助與照顧，你也很會照顧朋友。

因此助你生財的是父母、子女、朋友的助力。

◎**『紫府坐命』申宮的人，你的財帛宮是『武曲財星』居廟**，一生財多遂意，從不為錢煩惱。一生也好運連連，因財帛宮正坐在『武貪格』上，一生暴發旺運的機會是每隔六、七年一次，在辰、戌年時暴發錢財。不過『武貪格』的旺運，多是暴發在事業上的，因此經過你的努力之後，再加上你謹慎小心的個性，財富就愈積愈多了。

◎**你的福德宮是『貪狼』**，你是一個不知足而且祈求很多的人，因此操勞忙碌，一生都不能停止。故而物質生活的享受就成為你生活中的快樂了。

◎你的官祿官是『廉相』，這是一種經過企劃營謀事業，而能得高位的情況。**你的田宅宮是『巨門居旺』**，錢財接踵而來，不動產一棟接一棟的購置，購置很多。財庫豐滿。

◎『紫府坐命』申宮的人，你的『財庫』，一至十億元以上。

◎倘若有『祿、權、科』在命宮本宮及三合四方之處照會，一輩子的財富可達數十億、數百億之多。壬年生的人，雖然命宮有『紫微化權』，但財帛宮有『武曲化忌』，癸年生的人有『貪狼化忌』在福德宮，一輩子的財，只有一、二億左右。這和有『劫、空在『命、財、官、夫、遷、福、田』中差不多。

10 『紫微在申』命盤格式，『太陰坐命』酉宮的『財庫』

◎在『紫微在申』的命盤格式裡，倘若你是『太陰坐命』在酉宮的人，你有溫文儒雅的外表，聰明能幹，易與女性接近，常有感情困擾。

◎『太陰坐命』酉宮的人，因三方照會財帛宮的『太陽星』，與官祿宮的『天梁星』，一生財富多，不虞錢財匱乏，是一個終身快樂過生活的人。辛年生的人，有『祿存』在命宮，有『太陽化權』在財帛宮。乙年生的人有『祿存』在命宮的對宮相照，有『天梁化權』在官祿宮。庚年生的人，有『太陽化祿』在財帛宮。壬年生的人有『天梁化祿』在官祿宮。這些命局都是具有極度富貴的命局。

◎『太陰坐命』酉宮的人，你的六親宮中，父母宮是『貪狼』，與父母相處不合。**兄弟宮是『紫府』**，與兄弟的感情深厚，互為助力。

夫妻宮是『天機陷落』，夫妻的關係也不佳。**子女宮是『破軍』**，親子關係很差，子女破耗多。**朋友宮是『七殺』**，會擁有剛強欺主，偷盜家財的部屬及朋友。因此在你的生財助力上，兄弟是你最大的助力。

◎『太陰坐命』酉宮的人，你的財帛宮是『太陽居旺』，一生手邊可運用的錢財多，從不為錢煩惱。**你的福德宮是『巨門居旺』**。一生是非口舌較多，勞碌奔波，但懂得生活浪漫情調，倒也是個快樂的人。**你的官祿宮是『天梁居旺』**，事業成就很大，名聲很高，也有貴人助你生財。**你的田宅宮是『廉相』**，年少時不動產少，到晚年愈來愈多。

◎『太陰坐命』酉宮的人，你的『財庫』在一至三億元以上。

◎若有『科、權、祿』星在命宮或四方三合之處相照，你的『財庫』可達數十億元至數百億之多。

◎長榮海運的張榮發先生就是這個『太陰化祿、文昌、天鉞』在命宮的『太陰坐命』酉宮命局的人。

11 『紫微在申』命盤格式，『貪狼坐命』戌宮的『財庫』

◎在『紫微在申』的命盤格式裡，倘若你是『貪狼坐命』在戌宮的話，因對宮有『武曲相照』，本命就是『武貪格』暴發偏財運的旺格運程。一生好運無數，錢財多暴發。**但財帛宮是『破軍』**，破耗很多，『暴起暴落』，故一生的起伏很大。

◎『貪狼坐命』戌宮的人，戊年生的人有『貪狼化祿』。己年生的人有『武曲化祿』、『貪狼化權。』庚年生的人有『武曲化權』。都是在這個命局中財富最多的人。此外甲年生的人，在財帛宮有『破軍化權』，福德宮有『廉貞化祿』。或是癸年生的人有『破軍化祿』，在事業上較有發展，成就較好。

◎『貪狼坐命』戌宮的人，你的六親宮中，父母宮是『巨門』，

與父母的口角較多，相處不易。**你的兄弟宮是『太陰』**，與姐妹的感情較好，互為助力。**你的夫妻宮是『紫府』**，與配偶的價值觀一致，夫妻恩愛，快樂一生。**你的子女宮是『天機陷落』**，會無子、或與兒子不和，但生女兒無妨。**你的朋友宮是『天同居平』**，朋友之間相處融洽，但不得力。因此能助你生財的是姐妹和配偶了。

◎『貪狼坐命』戌宮的人，你的財帛宮是『破軍居廟』，雖很努力打拚的賺取錢財，但破耗很多，且有浪費的現象，手邊的財很快會被花掉。子、午年會爆發『偏財運』，但有暴起暴落的現象。**你的官祿宮是『七殺』**，從武職較佳，或做競爭激烈的行業，可獲得財富很多。**你的田宅宮是『天梁居旺』**，可得祖上遺留的不動產，自己再自置很多，財庫豐滿。

◎『貪狼坐命』戌宮的人，你的『財庫』在二億至五億元上下。

12 『紫微在申』命盤格式，『巨門坐命』亥宮的『財庫』

◎在『紫微在申』的命盤格式裡，倘若你是『巨門坐命』亥宮的人，因對宮『太陽居旺相照』，幼年即多是非，命運乖舛，易招波折。辛年生的人有『巨門化祿』在命宮，『太陽化權』在對宮相照。癸年生的人有『巨門化權』在命宮。庚年生的人有『太陽化祿』在對宮相照。這些命局都是『巨門在亥』的格局中較富有的。

◎『巨門坐命』亥宮的人，你的六親宮中，你的父母宮是『廉相』，你常讓父母操心，關係尚好。**你的兄弟宮是『貪狼』**，與兄弟緣薄，且會受到兄弟的拖累。**夫妻宮是『太陰居旺』**。配偶的容貌美麗，個性溫和，且可得妻財。**子女宮是『紫府』**，與子女緣份深厚，子女是你的財庫。**你的朋友宮是『武曲』**，朋友個性剛強，與你不和，不能交到好朋友，但朋友也是助你生財的財星，你也不得不勉強交往。因此助你生財的是你結婚以後家庭和朋友。

◎『巨門坐命』亥宮的人，你的財帛宮是『天機陷落』，一生手邊的財少，時常拮据。**你的福德宮是『天梁』**，一生享福快樂，又能獲得貴人的幫助。**你的官祿宮是『天同居平』**，你是白手起家，忙碌奔波，職位不高。**你的田宅宮是『七殺』**，辛勤努力打拚，老年時可有房產。辰、戌年也會爆發『武貪格』的旺運，得到一些財富。

◎『巨門坐命』亥宮的人，你的『財庫』在八千萬元至二億元之間。

『紫微在酉』命盤格式

10.紫微在酉

巳	午	未	申
武曲(平) 破軍(平)	太陽(旺)	天府(廟)	天機(得) 太陰(平)
辰			**酉**
天同(平)			紫微(旺) 貪狼(平)
卯			**戌**
			巨門(陷)
寅	**丑**	**子**	**亥**
	廉貞(平) 七殺(廟)	天梁(廟)	天相(得)

1 『紫微在酉』命盤格式，『天梁坐命』子宮的『財庫』

◎在『紫微在酉』的命盤格式裡，倘若你是『天梁坐命』在子宮的人，因『天梁』是居廟，對宮的『太陽』也在旺位，故此命局為『壽星入廟』格。丁年生的人和己年生的人有『祿存』在對宮相照。癸年生的人，有『祿存』在命宮。壬年生的人命宮是『天梁化祿』。乙年生的人命宮是『天梁化權』，都合此格局。因此命局又坐在『陽梁昌祿』格上，官運享通，考試第一，是既富且貴之格。

◎『天梁坐命』子宮的人，你的六親宮中，與父母相剋，緣淺。兄弟宮是『天相』，可得兄弟的助力。**夫妻宮是『巨門陷落』**，夫妻之間的糾紛多。**子女宮是『紫貪』**，親子關係不妙。**你的朋友宮是『武破』**，朋友之間的關係不好，必須花費很大的代價才能收買他們。因此在你生財的助力上，只有兄弟能給你幫忙了。

◎『天梁坐命』子宮的人，你的財帛宮是『機陰』在申，不夠旺。**你的福德宮是『空宮』**，有『機陰相照』，可享福，但終日憂心忡忡。**你的官祿宮是『天同平』**，職位普通，既忙碌又是非多。有『祿星』（化祿或祿存）和『化權』在命宮裡或相照的職位較高。**你的田宅宮是『紫貪相照』**，你是有祖產可繼承的命。倘若有『火、鈴』二星進入卯、酉宮，在卯、酉年會爆發『偏財運』，得到一筆財富，也可以意外的得到房地產。

◎『天梁坐命』子宮的人，你的『財庫』大約在一至三億元左右。

◎倘若命宮或四方三合處有『祿星』、『權星』照拱，『財庫』較大，可達三、四億元以上。

2 『紫微在酉』命盤格式，『廉殺坐命』丑宮的『財庫』

◎在『紫微在酉』的命盤格式裡，倘若你是『廉貞、七殺』坐命在丑宮的人，因對宮有『天府星』的影響，你擅理財務，喜愛文藝，很注重物質與精神的享受。倘若沒有『羊陀、火鈴』同宮於命宮，或照會命宮，可稱為『雄宿朝元』格，是既可富貴，又有名聲的聞人。

◎甲年生的人有『廉貞化祿』在命宮，『破軍化權』在官祿宮，得財較多。丙年生的人有『廉貞化忌』，易招惹是非，流年不好，官非不斷。若再有煞星相照，會有性命之憂。

◎『廉殺坐命』丑宮的人，你的父母宮是『機陰相照』，有疼愛你的父母，緣份好。**你的兄弟宮是『天梁居廟』**，兄弟手足情深，能互相照顧。**夫妻宮是『天相』**，配偶面貌美好，有責任感，夫妻恩愛，相互為助力，**只有子女宮是『巨門陷落』**，得子不易，縱使有，也是親子關係差、無緣。**你的朋友宮是『太陽居旺』**，你有很好的朋友運，可獲得好朋友及得力部屬的信賴跟協助完成事業。因此可見在六親關係中，你具有絕大多數的關係助力。真是好命！

◎『廉殺坐命』丑宮的人，你的財帛宮是『紫貪』，你有現成的家業可守，中年以後發富更多。倘若有『火、鈴』進入卯、酉宮，則你在卯、酉年會爆發『偏財運』，得到很大的財富。**你的福德宮是『空宮』，有『紫貪相照』**，一生辛勞，要至晚年才能享福，你也是喜愛物質享受，無法滿足的人。**你的官祿宮是『武破』**，從軍警職最好，若有『祿星』、『權星』同宮可做高官。**你的田宅宮是『天同居平』**，白手起家，自己買房產，但是是非很多，要到老年才會有真正屬於自己的房地產。但會有祖產接收。

◎『廉殺坐命』丑宮的人，你的『財庫』，大約在一至五億元左右。

◎倘若有『化祿』在命宮，是『廉貞化祿』，只代表人緣桃花的享受。有『偏財運』暴發的人，『財庫』較大，會達三億元以上。

3 『紫微在酉』命盤格式，『空宮坐命』寅宮的『財庫』

◎在『紫微在酉』命盤格式裡，倘若你是坐命寅宮為『空宮』的人，因對宮有『機陰相照』，你也會具有『機陰』的個性，溫文儒雅，很有氣質，但是一生多波折的困擾。

◎坐命寅宮為『空宮』的人，因對宮『機陰相照』，這也是『機月同梁』格主要的兩顆星，故做公務員和固定的上班族較有利於你。

◎甲年生的人有『祿存』在命宮。丁年生的人有『太陰化祿』和『天機化科』相照，較有錢。是財官雙美的局面。

◎坐命寅宮為『空宮』有機陰相照的人，你的父母宮是『紫貪相照』，與父母感情不融洽。**兄弟宮是『廉殺』**，兄弟間常有爭執，感情不佳。**夫妻宮是『天梁居廟』**，夫妻感情好，配偶的年紀較大，很能照顧你。你的**子女宮是『天相』**，與子女的感情佳。**你的朋友宮是『天府』**，朋友也是你的財庫，故你結婚後的家庭，和你的朋友，都是對你生財最有助力的人。

◎坐命寅宮為『空宮』有機陰相照的人，你的財帛宮是『巨門居陷』，辛苦勞碌，常徒勞無功，金錢運不好，而且是非又很多。**你的福德宮是『天同居平』**，辛苦勞碌，至晚年可享福。**你的官祿宮是『太陽居旺』**，和對宮的『天梁星』，是為『陽梁昌祿』格，主要的兩顆星，

你的『財庫』有多大

主貴。又在官祿宮，故從公職，位高、名聲響亮。**你的田宅宮是『武破』，『因財被劫』**，破蕩產業，縱使有房地產也留不住。

◎坐命寅宮為『空宮』有機陰相照的人，你的基本『財庫』只有七、八千萬左右。

◎倘若有『火、鈴』進入卯、酉宮，在卯、酉年會爆發『偏財運』財富可達一億元以上。

◎有『祿存』在命宮有機陰相照的人，或是有『化祿相照』的人，財富可達二億元以上。

4 『紫微在酉』命盤格式，『空宮坐命』卯宮的『財庫』

◎在『紫微在酉』的命盤格式中，倘若你是坐命卯宮為『空宮』

的人，因對宮有『紫微、貪狼』相照，因此你也具有『紫貪』的個性，你個性爽朗，反應快，有才幹，感情困擾多。

◎乙年生的人有『祿存』在命宮，對宮『紫微化科』相照。戊年生的人有『貪狼化祿』相照。己年生的人有『貪狼化權』相照。辛年生的人有『祿存』在命宮。這些命局都是主富的。

◎坐命卯宮為『空宮』有『紫貪』相照的人，你的父母溫和，但不得力。你的兄弟宮是空宮有『機陰相照』，兄弟聰明溫和，跟你的感情好。**夫妻宮是『廉殺』**，夫妻欠和，且有生離的現象。**子女宮是『天梁』**，有緣份深厚的女兒，**你的朋友宮是『機陰』**，屬下和朋友眾多，但不得力。因此能成為你生財助力的是你的兄弟和女兒。

◎坐命卯宮為『空宮』有『紫貪』相照的人，你的財帛宮是『天相』，手邊金錢運順利，而且很會打理財務。**你的福德宮是『武破』**，一生勞碌奔波，不得安寧，至老年才會稍為好一點。**你的官祿宮是『天府居廟』**，事業可做的如日中天，職位高，同時也是高收入的人。**你的田宅宮是『太陽居旺』**，將擁有眾多的房地產，其中有祖產和自己購置的，都很豐富。

◎坐命卯宮為『空宮』有『紫貪』相照的人，命宮必須不是『擎羊、劫空』，也沒有『化忌相照』，你的『財庫』有三億元以上。命宮和遷移宮是『火星』或『鈴星』的人，你在卯、酉年會爆發『偏財運』得到大財富，那你一輩子的財富又將增多。

5 『紫微在酉』命盤格式，『天同坐命』辰宮的『財庫』

◎在『紫微在酉』的命盤格式裡，倘若你是『天同坐命』辰宮的

人，因『天同居平』，對宮的『巨門』又居陷。常有口舌上的麻煩，常說錯話。

◎丙年生的人，命宮是『天同化祿』。丁年生的人命宮是『天同化權』，但有『巨門化忌相照』。丙年生的人較富。丁年生的人，有得有失。辛年生的人有『巨門化祿相照』。癸年生的人有『巨門化權相照』，但『巨門』為陷落，力道不強，因此『祿星』、『權星』也不旺了。

◎『天同坐命』辰宮的人，你的父母宮是『武破』，『因財被劫』，故緣淺，相處不合。**兄弟宮是『紫貪相照』**，兄弟之間感情尚可，但沒有助力。夫妻宮是『廉破』，夫妻欠和會離婚。**子女宮是『天梁居廟』**，可有緣份深厚的女兒。**朋友宮是『紫貪』**，年輕時得不到好朋友跟部屬的幫助，到年老時，才能獲得好朋友及部屬的協助。因此助你生財的只有女兒了。

◎『天同坐命』辰宮的人，你的財帛宮是『天梁居廟』，財多順暢，可得長者賜財，以及貴人幫忙生財。**你的福德宮是『太陽居旺』**，雖然忙碌，但是快樂安享。**你的官祿宮是『機陰』**，做公務員或固定的上班族，適得其所，文職較好。**你的田宅宮是『天府居廟』**，由於你的精打細算，不但守得住祖業，而且自置更多的房地產。

◎『天同坐命』辰宮的人，你一的『財庫』大約在二億元上下。

◎倘若有『火、鈴』進入卯、酉宮，爆發『偏財旺運』，你的『財庫』更大。

6 『紫微在酉』命盤格式，『武破坐命』巳宮的『財庫』

◎在『紫微在酉』的命盤格式裡，倘若你是『武曲、破軍』坐命在巳宮的人，因此二星在巳宮為平陷，你是個性剛強、少年不利的人，陽男陰女的運程較好。

◎丙年、戊年生的人有『祿存』在命宮、稍富。但丙年生的人有『廉貞化忌』，再有『羊陀』來會來夾，三重湊殺，大小運、流年逢之，會有性命之憂。己年生的人有『武曲化祿』，癸年生的人有『破軍化祿』，因『武曲、破軍』在巳宮為平陷，『化祿』只能稍減辛勞，帶財並不多。

◎『武破坐命』巳宮的人，你的父母宮是『太陽居旺』，有緣份深厚的父母。**兄弟宮是『天同居平』**，兄弟手足感情不錯，但不得力。

夫妻宮是『紫貪相照』，夫妻個性相投，感情彌篤。**子女宮是『機陰相照』**，子女聰敏，和你感情好。**你的朋友宮是『巨門居陷』**，多心地陰險狡詐的朋友，朋友運不好。因此能助你生財的是你整個的家庭。

◎『武破坐命』巳宮的人，你的財帛宮是『廉殺』，在鬧地進財可獲財較多，是一種必須辛勤打拚才能賺到錢的方式。**你的官祿宮是『紫貪』**，文職、武職皆可得高位。**你的福德宮是『天府居廟』**，你是一個熱愛物質享受的人，因此在這方面你享受得很好。賺來的錢不多，都享受在自己身上了。**你的田宅宮是『機陰』**，老年時可有自己的房地產。

◎『武破坐命』的人，你的『財庫』約在七、八千萬至二億左右。

◎倘若有『火、鈴』進入卯、酉宮，卯、酉年會爆發『偏財運』

得到一些財富。但『武破坐命』的人，本身破耗多及愛享受的關係，暴起暴落的現象很明顯，你的『財庫』可達二億元以上。

7 『紫微在酉』命盤格式，『太陽坐命』午宮的『財庫』

◎在『紫微在酉』命盤格式裡，倘若你是『太陽坐命』午宮的人，因對宮相照的『天梁星』也居廟，你的本命就坐在『陽梁昌祿』格的旺運裡，主貴。參加考試及從官職都是鑾順利的。

◎『太陽居旺』坐命的人，個性開朗、寬大，不與人計較，很具有領導能力，也能多有貴人相助，成就較好。陽男陰女的運程較好。

◎丁年、己年生的人有『祿存』在命宮。庚年生的人命宮有『太陽化祿』。辛年生的人，命宮有『太陽化權』。壬年生的人對宮有『天梁化祿』。這些命局都是主富貴的，財富不少。

你的『財庫』有多大

◎**『太陽坐命』午宮的人，父母宮是『天府』**，父母就是你的財星，父母有錢，並與你緣深，你幼時得到很好的照顧。**你的兄弟宮是『武破』**，『因財被劫』的關係，感情不佳。**夫妻宮是『天同居平』**，配偶個性溫和忙碌，在助你生財上不得力。**你的子女宮是『紫貪相照』**，親子關係不融洽。**你的朋友宮是『天相』**，能有好朋友、好幫手為你生財。因此你的生財助力是父母和朋友。

◎**『太陽坐命』午宮的人，你的財帛宮是『機陰相照』**，做公務員有穩定的收入。**你的福德宮是『機陰』**，一生快樂享福，日子又可過得浪漫。**你的官祿宮是『巨門陷落』**，流年不好的時候，事業會遭悔吝。**你的田宅宮是『紫貪』**，祖上會留給你產業，但不一定留得住。

◎**『太陽坐命』午宮的人，你的『財庫』在二億左右。**

◎**倘若命宮或三合處有『祿星』**（祿存、化祿）**、『權星』**（化權），一生的『財庫』在三億元以上。

◎**若『火、鈴』進入卯、酉宮**，在卯、酉年會爆發『偏財運』，『財庫』更大。

8 『紫微在酉』命盤格式，『天府坐命』未宮的『財庫』

◎**在『紫微在酉』的命盤格式中，倘若你是『天府坐命』未宮的人**，你具有保守的個性，很會處理財務。因對宮『廉殺相照』，也有些『因財被劫』的影響，性格較孤立，有時做事會半途而廢。

◎**『天府』居未宮**，因午宮有『太陽』，申宮有『太陰』，此為『日月夾命』的格局，也是主富貴的。

◎**丁年生的人有『祿存』在午宮**，『太陰化祿』在申宮，雙祿夾命，富貴非常。倘若再有『昌曲、左右、魁鉞』，在四方三合處照守，富貴更鉅。

◎**『天府坐命』未宮的人，你的父母宮是『機陰』**，與父母緣深感情很好。**兄弟宮是『太陽居旺』**，兄弟感情和睦，能互相幫助。**夫妻宮是『武破』**，夫妻間衝突多，會離婚後又再結婚，吵吵鬧鬧過一生。**子女宮是『天同居平』**，子女溫和乖巧，但不得力。**朋友宮是『天梁』**，能擁有眾多能幫忙你的朋友、屬下，在外貴人多，因此能助你生財的是兄弟、朋友。

◎**『天府坐命』未宮的人，你的財帛宮是『紫貪相照』**，有現成的家業可以守，中年以後發富更鉅。**你的福德宮是『紫貪』**，一生勞碌、辛苦，要到晚年才能享福。**你的官祿宮是『天相得地』**，事業順利，漸漸能至高位。你也是因有完美的『陽梁昌祿』格，做公務員、從官職較佳。**你的田宅宮是『巨門陷落』**，常因房地產發生糾紛，有時竟然失去它。

◎**『天府坐命』未宮的人，你的『財庫』，大約在二億元左右。**

◎倘若丁年生的人，或是在卯、酉宮有『火、鈴』進入，造成『偏財運』的人，則會超過三億元以上。

9 『紫微在酉』命盤格式，『機陰坐命』申宮的『財庫』

◎在『紫微在酉』的命盤格式中，倘若你是『天機、太陰』坐在申宮的人，你有溫文儒雅的外表，聰敏的頭腦。因『天同、天梁』在三合處照會，你會做事有條理，按部就班。這是『機月同梁』格的影響，也因此你必須做公務員或按時上班的上班族較好，不宜從商或自己創業。

◎『機陰坐命』的人，常有感情問題，若再遇『昌曲、天姚、紅鸞、咸池、沐浴』等桃花星，從事演藝事業雖好，但是，桃花所產生的是非嚴重，本身的感情波折也會較多。

◎乙年生的人和丁年生的人有『化祿』在命宮。庚年生的人，有『祿存』在命宮。甲年生的人有『祿存』在對宮相照，都是比較富有的命局。丙年、戊年生的人有『化權』在命宮，事業較有成就。乙、庚年生的人有『化忌』在命宮，是非很多，若有『羊陀』來會來夾，會有性命之憂。

◎『機陰坐命』申宮的人，你的父母宮是『紫貪』，與父母不能溝通，感情不融洽。**你的兄弟宮是『天府』**，兄弟感情好，能給你物質上的幫助。**你的夫妻宮是『太陽居旺』**，配偶能給你帶來高地位。夫妻感情深厚，**子女宮是『武破』**，緣份不佳，不和睦。**朋友宮是『廉殺』**，有背叛之朋友、屬下，朋友運不佳。因此你的生財助力是兄弟、配偶。

◎『機陰坐命』申宮的人，你的財帛宮是『天同居平』，辛苦勞祿，所獲不多。且多是非口舌。**你的福德宮是『巨門陷落』**，會奔波勞祿，徒勞無功，且無福可享。**你的官祿宮是『天梁居廟』**，職位很高，是個清官，名聲遠揚。**你的田宅宮是『天相』**，會繼承家族的房地產。

◎『機陰坐命』申宮的人，你的『財庫』大約在七千萬至二億元之間。有『太陰化祿』的人，『財庫』會在三億以上。

10 『紫微在酉』命盤格式，『紫貪坐命』酉宮的『財庫』

◎在『紫微在酉』的命盤格式中，倘若你是『紫微、貪狼』坐命酉宮的人，你的個性強，反應快，很有才幹，事業會有成就。但是命宮中的『貪狼』是『桃花星』，又坐在桃花敗地的『酉宮』，本身的感情問題很多。倘若四方三合處再有『天姚、咸池』等桃花星來照會，則會成為風流好色之人，多惹桃花是非，耽誤前程了。

◎乙年生的人，有『祿存』在對宮。戊年生的人有『貪狼化祿』在命宮。己年生的人有『貪狼化權』在命宮。辛年生的人有『祿存』在命宮。這些命局都是主富貴的。壬年生的人有『紫微化權』在命宮，但有『武曲化忌』和『破軍』同在財帛宮，一生金錢不順、財富少。

◎『紫貪坐命』酉宮的人，你的父母宮是『巨門陷落』，和父母緣淺相處差，父母是個嚴厲的人。**你的兄弟宮是『機陰』**，和姐妹感情較佳，能得到精神上的鼓勵。**夫妻宮是『天府居廟』**，配偶是你的財庫，夫妻恩愛，互為助力。**子女宮是『太陽居旺』**，有成就好的子女。**朋友宮是『機陰相照』**，朋友屬下眾多但是不得力。故而能幫你生財的是兄弟、配偶、子女。結婚後的家庭助力很大。

◎『紫貪坐命』酉宮的人，你的財帛宮是『武破』，手邊可運用的錢少，破耗又多，且有浪費的習慣。對金錢的處理會有缺失。**你的福德宮是『天相』**，對錢財倒能順其自然的過日子，因此做公務員，按時領薪水較好。**你的官祿宮是『廉殺』**，從軍旅職會有高職位，在軍中管理財務尤佳。**你的田宅宮是『天梁居廟』**，會獲得祖上遺留下來的房地產很多。

◎『紫貪坐命』酉宮的人，你的『財庫』約在一至三億元之間。

◎倘若有『祿星』、『權星』在命宮的人，財富會更多一些。

◎倘若有『火、鈴』進入卯、酉宮，在卯、酉年會爆發『偏財運』得到大財富，財富也會多一些。

◎曾任國防部長的陳履安先生即是此命局。

11 『紫微在酉』命盤格式，『巨門坐命』戌宮的『財庫』

◎在『紫微在酉』的命盤格式裡，倘若你是『巨門坐命』戌宮的人，因『巨門』在戌宮為陷落，對宮有『天同居平相照』。戌宮又為『天羅地網』宮，『巨門星』在戌宮受困，會使人辛勞加倍，表現不佳。而且是非纏身，言語常遭悔吝。

◎辛年生的人，命宮有『巨門化祿』。癸年生的人，命宮是『巨門化權』。倘若其財帛宮沒有『煞星』來照會、同宮，辛苦打拚，還是會掙得財富不少的。丁年生的人有『巨門化忌』，則會困苦了。

◎『巨門坐命』戌宮的人，也不可有『火、鈴』同宮，除了臉上有異痣，此還為『巨逢四殺』之惡格，有死於外道之憂，若三合處逢到，會遭火災，很危險！

◎**『巨門坐命』戌宮的人，你的父母溫和勤勉，和你緣深，感情好。你的兄弟宮是『紫貪』**，感情尚佳，但不得力。**夫妻宮是『機陰』**，配偶貌美，常有是非讓人談論，你們的感情也陰晴不定。**你的子女宮是『天府』**，子女是你的財庫，你和子女的感情深厚。**你的朋友宮是『紫貪相照』**，要到老年才能得到好朋友或好部屬。因此助你生財的是你的父母和子女。

◎**『巨門坐命』戌宮的人，你的財帛宮是『太陽居旺』**，手邊可運用的財多，一生不為錢愁。**你的福德宮是『天梁』**，一生清閒快樂的過日子，貴人多，讓你享受福氣快樂。**你的官祿宮是『機陰相照』**，做公務員和固定的上班族最好了，按時上下班的日子，讓你很快樂。**你的田宅宮是『廉殺』**，祖產會給帶來你惡運、是非，使你厭惡而看淡而不想要了。再經過自己的努力，老年可有自己的房產。

◎『巨門坐命』戌宮的人，你的『財庫』大致在五千萬至二億元左右。倘若有『祿星』、『權星』幫忙，財富可增多。『命、財、官、夫、遷、福、田』等宮有『化忌、羊陀、劫空、火鈴』，財少。倘若『火、鈴』進入卯、酉宮，在卯、酉年會暴發『偏財運』，會有較大一點的『財庫』。

12 『紫微在酉』命盤格式，『天相坐命』亥宮的『財庫』

◎在『紫微在酉』的命盤格式裡，倘若你是『天相坐命』亥宮的人，因其對宮有『武破』的影響，你是聰敏不拘小節的人，你很會處理財務的問題，而且注重自身的物質享受，因外在環境財少，做公教職，可讓你一生安樂。

◎丙、戊年生的人，有『祿存』在對宮。壬年生的人有『祿存』在命宮。己年和癸年生的人有『化祿星』在對宮。甲年、庚年生的人有『化權星』在對宮，都因『武曲』和『破軍星』處於平陷的地位，力道不強，但還是會有一些力量的。

◎『天相坐命』亥宮的人，你的父母宮是『天梁居廟』，父母為長壽之人，且能得到父母、長輩良好的照顧及提攜。**你的兄弟宮是『巨門陷落』**，兄弟手足感情惡劣。**你的夫妻宮是『紫貪』**，夫妻有相同的興趣，夫妻和諧。**子女宮是『機陰』**，子女與你的感情深厚。**你的朋友宮是『天同居平』**，朋友雖和順但不得力。因此助你生財的是父母、配偶、子女。

◎『天相坐命』亥宮的人，你的財帛宮是『天府居廟』，這是最好的金錢運了，手邊即有一個廣大的『財庫』，錢財豐盛，花也花不完。你的福德宮是『廉殺』，一生東奔西走，根本無福可享。你的官祿宮是『紫貪相照』，文職、武職都可居高位。倘若有『火、鈴』進入卯、酉宮，你在卯、酉年會在事業上爆發大財運，更增加你的財富。你的田宅宮是『機陰相照』，可自置不動產，但會有變化。

◎『天相坐命』亥宮的人，你的『財庫』在一億元上下。

◎倘若命宮有『祿存』或對宮有『祿星』相照，『財庫』會多一些。多達二億元以上，是衣食之祿。

◎倘若有『火、鈴』，進入卯、酉宮，爆發『偏財運』者，財富會在二、三億元以上。

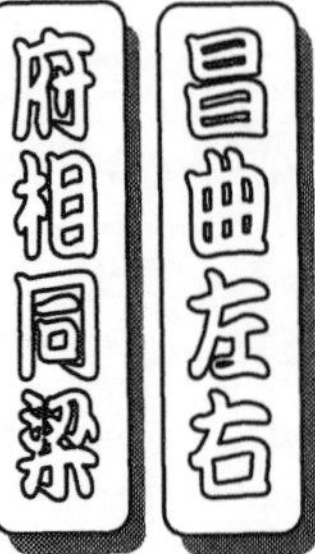

『紫微在戌』命盤格式

11.紫微在戌

天同(廟) 巳	武曲(旺) 天府(旺) 午	太陽(得) 太陰(陷) 未	貪狼(平) 申
破軍(旺) 辰			天機(旺) 巨門(廟) 酉
卯			紫微(得) 天相(得) 戌
廉貞(廟) 寅	丑	七殺(旺) 子	天梁(陷) 亥

1 『紫微在戌』命盤格式，『七殺坐命』子宮的『財庫』

◎在『紫微在戌』的命盤格式裡，倘若你是『七殺坐命』子宮的人，因對宮有『武府相照』，你的個性很強，自尊心與主觀性都強，做公職會很有表現。『七殺坐命』的人，多為大將之才。癸年生的人有『祿存』在命宮，己年生的人有『武曲化祿』在對宮。庚年生的人有『武曲化權』在對宮，對於你的財富都會有增多的幫助。因對宮是『武府』，因此外面的世界就是你的『財庫』。

◎『七殺坐命』子宮的人，你的父母宮是『空宮』，有『日月相照』，跟父親的感情較佳，與母親有不和或母早逝的情況。**你的兄弟宮是『天梁陷落』**，可能無兄弟。**夫妻宮是『紫相』**，夫妻感情佳，但流年不佳時，配偶會有突發之變故。**子女宮是『機巨居廟旺』**，子女間口角多但聰敏成就好。**朋友宮是『天同廟旺』**，能結交眾多得力的朋友及部屬幫助自己。因此助你生財的是父親和朋友。

◎『七殺坐命』子宮的人，你的財帛宮是『貪狼』。一生在錢財上有無數的好運。倘若有『火、鈴』進入寅、申宮，在寅、申年會暴發『偏財運』，但是因對宮有『廉貞』的關係，暴起暴落的現象也很明顯。**你的福德宮是『廉貞居廟』**，你天生是一個勞碌命，但你享受忙碌所帶來的樂趣。你的性情常善變，因此更增忙碌。**你的官祿宮是『破軍居旺』**，武職能居高位，否則你會做運輸或是一些在雜亂中重新理出頭緒來的職業，如市場、電子業等等。**你的田宅宮是『機巨相照』**，可守住祖上留下來的房地產，自置房地產則常有變化。

◎『七殺坐命』子宮的人，你的『財庫』，在一至五億元之間。

◎倘若暴發『偏財運』，你一生的財富可達十億元以上。

2 『紫微在戌』命盤格式，『空宮坐命』丑宮的『財庫』

◎在『紫微在戌』的命盤格式裡，倘若你是坐命丑宮為『空宮』的人，因對宮有『日月相照』，你的個性保守，適合任職安定的工作，較有成就。庚年生的人有『太陽化祿相照』，辛年生的人有『太陽化權相照』，財富較多。丁年生的人有『太陰化祿相照』。戊年生的人有『太陰化權相照』，因『太陰居陷落』的關係，力道不強，但還是有財。

◎坐命丑宮為『空宮』有『日月』相照的人，你的父母宮是『廉貞』，與父母不和。**你的兄弟宮是『七殺』**，與兄弟手足不親密。**你的夫妻宮是『天梁陷落』**，配偶的容貌不錯，妻的年紀較大，有不和的現象。**子女宮是『紫相』**，子女的成就好。與你緣份深。**你的朋友宮是**

『武府』，能獲得眾多朋友和屬下幫助你生財很多。因此助你生財的就是子女和朋友了。

◎坐命丑宮為『空宮』有『日月』相照的人，你的財帛宮是『機巨』，以專業知識、技能來取財，在鬧中取財可得意外之財，財的是非也不少。**你的福德宮是『機巨相照』**，是一種勞心勞力，無福可享的狀況，財富也享受得很少。**你的官祿宮是『天同廟旺』**，白手起家，可至高位。做公職、薪水階級是一種安享的局面。**你的田宅宮是『破軍居旺』**，房地產存不住。『財庫』破了，錢財也很難留住。

◎坐命丑宮為『空宮』有『日月』相照的人，你的『財庫』，大約在一、二億元上下。倘若有『祿星』在命宮的對宮相照，『財庫』也會大一些。

3 『紫微在戌』命盤格式，『廉貞坐命』寅宮的『財庫』

◎在『紫微在戌』命盤格式裡，倘若你是『廉貞坐命』寅宮的人，因對宮有『貪狼相照』，你是一個才華出眾，且擅長交際應酬的人，做公職和固定的上班族較好。

◎甲年生的人有『廉貞化祿』，和『祿存』在命宮，是一個極富的富格。戊年生的人有『貪狼化祿』在對宮相照。己年生的人有『貪狼化權』在對宮相照。庚年生的人有『祿存』在對宮相照，這些命局都是可幫忙富貴的。

◎『廉貞坐命』寅宮的人，你的父母宮是『空宮』，有『機巨相照』，父母感情不睦，也影響到你，對你的照顧較少。**你的兄弟宮是『日月相照』**，兄弟感情時好時壞。**你的夫妻宮是『七殺』**，配偶個性剛強，要聚少離多，各忙各的較好，否則感情不順。**子女宮是『天梁陷落』**，親子間關係較淡，尤其是和女兒更淡薄。**你的朋友宮是『日月同宮』**，能擁有部份得力的朋友，和屬下來幫助自己。因此助你生財的是朋友。

◎**『廉貞坐命』寅宮的人，你的財帛宮是『紫相』**，你的財富多半是靠積蓄而來的，財運很好，是名利雙收的局面。**你的福德宮是『破軍』**，一生辛苦勞碌，不能停止，是個絲毫都不能放鬆的人。本人的破耗多，且有浪費的習慣。**你的官祿宮是『武府』**，你所成就的事業能幫你賺取很大的財富，職位高，收入也高。**你的田宅宮是『天同居廟』**，白手起家，不動產會慢慢增多。

◎**『廉貞坐命』寅宮的人，你的『財庫』在二至五億元上下。壬年生有『武曲化忌』在官祿宮的人，只有二億元的財富。**

◎倘若有『火、鈴』進入寅、申宮，則在寅、申年會爆發財運，得到大筆財富，其『財庫』仍維持在三至五億元左右。

4 『紫微在戌』命盤格式，『空宮坐命』卯宮的『財庫』

◎在『紫微在戌』的命盤格式裡，倘若你是坐命卯宮為『空宮』的人，因對宮有『天機、巨門居廟旺』的相照，你也是具有『機巨』個性的人。你的主見很強，口才很好，博學多能。但也多招是非，成為爭議性很強的人物。宜做公職或固定的上班族較好。

◎乙年生的人有『祿存』在命宮，對宮又有『天機化祿相照』，此命較富貴。丙年生的人，有『天機化權』在對宮相照。辛年生的人有『祿存星』在命宮，與『巨門化祿』在對宮相照，這兩個命局也會利於財富的獲得。但以『祿星』在本命宮的財富較大。

◎坐命卯宮為『空宮』有『機巨』相照的人，你的父母宮是『破軍』，父母感情不合；與你也有剋害，不易相處。**你的兄弟宮是『廉貞』**，兄弟之間不和睦。**你的夫妻宮是『日月相照』**，得配偶的惠澤很大，夫妻和諧。**你的子女宮是『七殺』**，與子女緣薄，不能溝通。**你的朋友宮是『貪狼』**，朋友運不佳，有背叛或受拖累的情況發生。因此能助你生財的只有配偶了。

◎坐命卯宮為『空宮』有『機巨』相照的人，你的財帛宮是『天梁陷落』，財的來源不好，勞心苦志，辛勤求財，也沒有貴人助你生財。**你的福德宮是『天同居廟』**，一生快樂享福過日子，有人會供養你一生，因此你對賺錢的事就不積極了。**你的官祿宮是『日月同宮』**，是清貴人士。**你的田宅宮是『武府』**，財星和庫星都落在田宅宮，房地產多，手頭常沒錢，工作能力也不強，父母、祖上有人將房地產放在你的名下，只要管理這些房地產就好了。

◎**坐命卯宮為『空宮』有『機巨』相照的人，你的『財庫』在一、二億元以上。**

◎**倘若有『祿存』在命宮的人，**『財庫』普通，有衣食之祿。

◎**倘若有『火、鈴』進入寅、申宮，**在寅、申年爆發財運，『財庫』更大一些。

5 『紫微在戌』命盤格式，『破軍坐命』辰宮的『財庫』

◎**在『紫微在戌』的命盤格式中，倘若你是『破軍坐命』辰宮的人，**你有積極愛打拚的個性，臉上有麻臉或傷痕。因對宮『紫微、天相』相照，在外順利多福，且地位高。

◎甲年生的人有『破軍化權』在命宮，高官厚祿，可掌大權。癸年生的人有『破軍化祿』在命宮，人緣非常好，也多財富。若再加『昌曲、左右、魁鉞、天喜』，官運亨通，財源滾滾。

◎『破軍坐命』辰宮的人，你的父母宮是『天同居廟』，父母溫和可親，與你親密。**你的兄弟宮是『機巨相照』**，兄弟有二心，不能合作。**你的夫妻宮是『廉貞』**，配偶個性剛強，可能有更換配偶的情況。**你的子女宮是『日月相照』**。與兒子的感情較佳。**你的朋友宮是『機巨』**，你的朋友和屬下是非口舌多，且對你有陽奉陰違的現象。因此助你生財的是你的父母、兒子。

◎『破軍坐命』辰宮的人，你的財帛宮是『七殺』，你必須辛苦打拚才能賺到錢，得財也很多。**你的福德宮是『武府』**，你是喜愛物質享受的人，早年辛苦操勞，晚年才能享福。**你的官祿宮是『貪狼』**，官途中，常有意外之好運，可得到高職位，成就的事業較大。倘若有『火、鈴』，進入此宮或對宮在事業上所爆發的偏運，更能為你製造更大的財富。**你的田宅宮是『日月』在未**，會有眾多的不動產。

◎『破軍坐命』辰宮的人，你的『財庫』在一至五億元以上。倘若命宮有『祿星』出現，『財庫』更大一點。倘若寅、申宮有『火、鈴』進入，寅、申年會爆發旺運，所帶來的『財庫』更大。

◎前考試院長許水德先生即是此命局。

6 『紫微在戌』命盤格式，『天同坐命』巳宮的『財庫』

◎在『紫微在戌』的命盤格式裡，倘若你是『天同坐命』巳宮的

人，『天同』在巳宮為居廟，個性較溫和、喜愛享福，所幸對宮有『天梁居陷』來給你激勵，否則只是一個懶惰的人。

◎丙年生的人有『天同化祿』，及『祿存』在命宮，戊年生的人也有『祿存』在命宮。都是較富有的人。丁年生的人有『天同化權』在命宮，也有『巨門化忌』在官祿宮，不算吉。乙年生的人有『天梁化權』在對宮相照，壬年生的人有『天梁化祿』在對宮相照，因『天梁』是陷落的關係，因此『祿星』、『權星』的力道雖有，但是也不強了。只增加性格上的固執和人緣好。

◎『天同坐命』巳宮的人，你的父母宮是『武府』，父母比較有錢，事業成就很大，對你也關懷倍至。**你的兄弟宮是『破軍』**，與兄弟不和。**你的夫妻宮是『機巨』**，結婚前波折就很多，與配偶之間常爭吵，感情不和睦。**你的朋友宮是『紫相』**，能得到眾多得力的朋友與助

你的『財庫』有多大

手。因此助你生財的是父母和朋友。

◎『天同坐命』巳宮的人，你的財帛宮是『日月相照』，手邊可花用的錢財不少，從不為錢煩惱。**你的福德宮是『日月』**，一生忙碌，但生活愉快，對財富的享受也很豐厚。**你的官祿宮是『機巨』**，可從事學術性的職業，名聲遠播，但不持久。**你的田宅宮是『貪狼』**，你與房地產的緣份低，縱使有祖產，也會賣掉。倘若有『火、鈴』進入寅、申宮，在寅、申年也會爆發旺運，得到一些財富或房地產，但是有暴起暴落的現象，很快就會花費光了。

◎『天同坐命』巳宮的人，你的『財庫』在二億元左右。

◎若有『祿星』在命宮，『財庫』會更大一些。大約在二至三億元以上。

◎若有『偏財運』爆發時，『財庫』也會更大一些。

7 『紫微在戌』命盤格式，『武府坐命』午宮的『財庫』

◎在『紫微在戌』的命盤格式裡，倘若你是『武曲、天府』坐命在午宮的人，因對宮有『七殺』的影響，一生勞碌奔波，無福可享。『武府坐命』的人，有財星、庫星同坐命宮，多有鉅萬之財富，但家庭運則不佳，有的幼年即得不到家庭溫暖，成年後又有多次婚姻的紀錄，感情生活堪稱孤寂。

◎己年生的人有『祿存』及『武曲化祿』在命宮，最富，是億萬富翁之命。丁年生的人有『祿存』在命宮，次富。庚年生的人有『武曲化權』在命宮，權傾一時，癸年生的人有『祿存』在對宮，財富也不少。此外還有甲年生的人，有『廉貞化祿』在財帛宮，也是多財富的人。

你的『財庫』有多大

◎**『武府坐命』午宮的人，你的父母宮是『日月』**，幼年家中有缺失，不是與母親不和，即是母親早逝。**兄弟宮是『天同居廟』**，兄弟個性溫和，手足情深。**夫妻宮是『破軍』**，有嫁娶再婚之人的情況，或本身有多次婚姻紀錄。**子女宮是『機巨相照』**，子女在社會上會出類拔萃。**你的朋友宮是『天梁陷落』**，朋友雖多，但多不得力，沒有『貴人運。因此助你生財的是兄弟的助力。

◎**『武府坐命』午宮的人，你的財帛宮是『廉貞居廟』**，這是一種經過周詳企劃而得財的方式。因對宮有『貪狼相照』，錢財上常有好運。倘若有『火、鈴』進入寅、申宮，必在寅、申年爆發財運。得財更多。**你的官祿宮是『紫相』**，職位高，能有大權在握。**你的福德宮是『貪狼』**，你會一生勞心勞力，不安現狀，貪求很多的過日子。**你的田宅宮是『機巨』**，祖業會先大後小，漸漸減少的趨勢。自己購置的房地產也是這樣，財庫有些縮水了。

◎『武府坐命』午宮的人，你的『財庫』，會因命宮或四方三合裡的星座是吉星多或煞星多而有差別。倘若是『祿星』在命宮，照會的星曜又吉的話，你的『財庫』有數十億至上百億元之多。倘若命宮中有煞星，或四方三合地帶照守的煞星多，則只會成為一個公務員或固定的上班族，苦心求財，**『財庫』只有兩、三億元而已，或許更少。**

8 『紫微在戌』命盤格式，『日月坐命』未宮的『財庫』

◎在『紫微在戌』的命盤格式裡，倘若你是『太陽、太陰』坐命在未宮的人，因為在此宮，『太陰』是陷落的關係，你為人謹慎保守，適合安定的工作。若有『昌曲、左右、魁鉞』同宮或對照，官運較好，金錢運也不錯。

◎庚年生的人有『太陽化祿』，辛年生的人有『太陽化權』，都是較富貴的人。丁年生的人有『太陰化祿』，戊年生的人有『太陰化權』，因『太陰居陷』，得利較少。

◎『日月坐命』未宮的人，你的父母宮是『貪狼』，親子關係不好，與你不和。**兄弟宮是『武府』**，兄弟能給你物質上的幫助。**你的夫妻宮是『天同居廟』**，夫妻感情深厚。**你的子女宮是『破軍』**，與子女關係不和諧。**你的朋友宮是『七殺』**，會擁有剛強欺主，偷盜財物的朋友和屬下。因此對你生財有助力的是兄弟和配偶了。

◎『日月坐命』未宮的人，你的財帛宮是『機巨相照』，在鬧中取財，可得意外之財。財運不強。**你的福德宮是『機巨』**，一生勞心勞力根本無福可享，享受錢財也很少。丁年生的『化祿』在命宮，也有

『化忌』在官祿宮，財不多。**你的官祿宮是『天梁陷落』**，你的職位不高，因此所能賺的錢也不多。**你的田宅宮是『紫相』**，辛苦努力，倒能自置一些房地產，財庫豐盛。

◎『日月坐命』未宮的人，你的『財庫』約在一、二億元左右。

◎倘若有『雙祿星』坐守在『命、財、福』三宮，財富較多，可達三億元以上。

◎倘若有『火、鈴』進入寅、申宮，寅、申年所爆發的『偏財運』，會給你帶來一筆巨大的財富，你的『財庫』也較大，但有『暴起暴落』之憂。

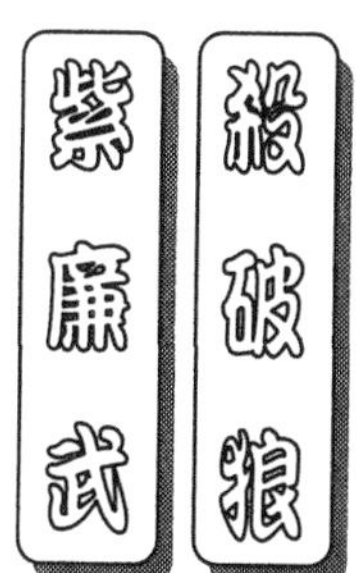

9 『紫微在戌』命盤格式，『貪狼坐命』申宮的『財庫』

◎**在『紫微在戌』的命盤格式裡，倘若你是『貪狼坐命』在申宮的人**，因『貪狼』在此宮居平，且有『廉貞居廟相照』，你是一個多才藝，又心高氣傲的人，喜與人交際，又對政治感興趣。宜從文職與屬木的行業。若與『陀羅』同宮，會從事屠宰業。

◎**庚年生的人有『祿存』在命宮**，戊年生的人有『化祿』在命宮主富。己年生的人有『化權』在命宮，會掌大權。甲年生的人有『化權』在對宮，也會對財富有助益。

◎**『貪狼坐命』申宮的人，你的父母宮是『機巨』**，父母感情不睦，對你會有影響。**你的兄弟宮是『日月』**，你和兄弟的感情較好，能互相幫助，與姐妹感情較差。**你的夫妻宮是『武府』**，會因配偶得到大財富，配偶就是你的大『財庫』。**子女宮是『天同』**，與子女緣深感情好。**你的朋友宮是『日月相照』**，能擁有眾多的得力朋友和助手。因此能助你生財的是兄弟、配偶、子女、朋友。

◎**『貪狼坐命』申宮的人，你的財帛宮是『破軍』**，財源雖豐，但破耗很多，有浪費的習慣。**你的福德宮是『紫相』**，一生安逸享福過日子。**你的官祿宮是『七殺』**，做競爭性強的職業較佳，辛苦打拚可得位高權大。**你的田宅宮是『天梁陷落』**，房地產留不住，財庫較弱。

◎**『貪狼坐命』申宮的人，你的『財庫』在一、二億元左右。**

◎**倘若命宮中有『祿星』**，財富可達三億元以上。

◎**倘若有『火、鈴』進入寅、申宮**，在寅、甲年可爆發財運，財富也可達三億元以上，但有『暴起暴落』之憂。

10 『紫微在戌』命盤格式，『機巨坐命』酉宮的『財庫』

◎在『紫微在戌』命盤格式中，倘若你是『天機、巨門』坐命在酉宮的人，因雙星居旺，你是一個非常有主見、個性強，口才佳的人，但也多遭是非麻煩。此命局因四方照會之『機月同梁』格，故服務公職，在學術機構工作較好。

◎辛年生的人有『祿存』和『化祿』在命宮，較富有。乙年生的人有『祿存』在對宮，『天機化祿』在命宮，丙年生的人有『天機化權』在命宮。癸年生的人有『巨門化權』在命宮，可因貴得富。

◎『機巨坐命』酉宮的人，你的父母宮是『紫相』，家世好但與長輩不和諧。**你的兄弟宮是『貪狼』**，兄弟感情不佳，且易受拖累。**你的夫妻宮是『日月』**，能得配偶之惠澤，白首偕老。**你的子女宮是『武

府』，子女與你欠和，但他們在財富上有發展。**你的朋友宮是『廉貞居廟**』，能獲得好朋友及屬下協助。因此能助你生財的是父母、配偶、子女、朋友。

◎『機巨坐命』酉宮的人，你的財帛宮是『天同居廟』，這是一種順其自然的求財方式，對於金錢並不積極。**你的福德宮是『天梁陷落**』，一生辛苦勞碌，享受也少。**你的官祿宮是『日月相照**』，在事業上必須極力打拚才會有成就，工作非常忙碌。**你的田宅宮是『七殺**』，在辛苦努力之後能自置房地產。

◎『機巨坐命』酉宮的人，你的『財庫』，大約在一、二億元左右。倘若你的父母或配偶的娘家是家財萬貫的人，你也會有三至五億的『財庫』。

◎辛年生的人有『祿存』和『化祿』在命宮，『財庫』不止五億

元。

◎倘若有『火、鈴』，進入寅、申宮，在寅、申年爆發財運的人必須『命、財、官、福、田』沒有煞星，則會有三億元以上的『財庫』。

11 『紫微在戌』命盤格式，『紫相坐命』戌宮的『財庫』

◎在『紫微在戌』的命盤格式裡，倘若你是『紫微、天相』坐命戌宮的人，你的個性溫和，樂於助人。因戌宮為地網宮，故你常有『有志難伸』心情鬱悶之感。又因對宮『破軍』的影響，你是非常勞碌又積極的人，這樣讓你的事業能有所發展。

◎壬年生的人有『紫微化權』在命宮。甲年生的人有『破軍化權』在對宮。癸年生的人有『破軍化祿』在對宮。乙年生的人有『紫微化科』在命宮。這些命局都能助旺事業運的。但壬年生的人，尚有『武曲化忌』在財帛宮，『財庫』不會太大，一生只是周轉而已。

◎『**紫相坐命』在戌宮的人，你的父母宮是『天梁陷落**』，父母雖溫和，但你得到的照顧並不多，**你的兄弟宮是『機巨**』，兄弟有二心，不能合作。**你的夫妻宮是『貪狼**』，婚姻運欠佳，有更換配偶的情況發生。**你的子女宮是『日月**』，子女間成就互有上下，與兒子較親，與女兒緣薄。**你的朋友宮是『機巨相照**』，你的朋友及屬下對你是陽奉陰違，並不算和順。因此助你生財的是你自己本人。

◎『**紫相坐命』戌宮的人，你的財帛宮是『武府**』，這是最好的金錢運勢了。一生手邊富裕。丁年、己年生的人有『祿存』在財帛宮，更是一富豪之命了。**你的官祿宮是『廉貞居廟**』，武職能得高位。您在事業上很會經營謀劃，對宮的『貪狼星』照會，也會讓您在事業上具有好運，倘若再有『火、鈴』同宮或相照，在事業上更會爆發旺運，獲得更多的財富。**你的福德宮是『七殺』**，一生勞碌打拚，享受少，要到老年時才能享清福。**你的田宅宮是『機巨相照』**，可守住祖產，也可自置房地產。

◎『紫相坐命』戌宮的人，你的『財庫』在一至三億元以上。

◎倘若有『祿星』在『財、官、福』三宮的人，『財庫』可達五億元以上。

◎倘若有『火、鈴』進入寅、申宮，在寅、申年爆發財運，『財庫』也會大一些，但有『暴起暴落』的現象。

12 『紫微在戌』命盤格式，『天梁坐命』亥宮的『財庫』

◎在『紫微在戌』的命盤格式裡，倘若你是『天梁坐命』亥宮的人，因對宮『天同星』的影響，人較懶，有好逸惡勞的現象，而且愛東奔西走，有漂泊他鄉之命。

◎壬年生的人有『祿存』和『天梁化祿』在命宮還算富有，有衣食而已。乙年生的人有『天梁化權』，較勞碌。丙年、丁年生的人有『天同化祿』及『天同化權』相照的人，更懶，更喜坐享其成。

◎『天梁坐命』亥宮的人，你與父母不和，兄弟倒感情深厚，會幫助你。夫妻間是非多，不合諧。子女不好教養，家庭對你沒有助益，也親情淡薄，故你更喜漂泊之命。

◎你的朋友宮是『破軍』，朋友三殺九流都有，但是不得力，朋友也讓你破耗多。因此助你生財的只有兄弟了。

◎**『天梁坐命』亥宮的人，你的財帛宮是『日月』**，辛苦努力賺錢，夠用而已。**你的福德宮是『日月相照』**，你如日月般忙碌，一生不得休息，享受也少。**你的官祿宮是『機巨相照』**，工作上能名聲響亮，但不長久。**你的田宅宮是『廉貞居廟』**，你與房地產無緣，就是有祖產，也會全部賣掉。

◎**『天梁坐命』亥宮的人，你的『財庫』在七、八千萬元上下。**

◎**若有祿星在命宮的人，『財庫』稍好，在二億元上下。**

◎**若有『火、鈴』進入寅、申宮**，爆發財運，也會『暴起暴落』，『財庫』在二億元上下。

『紫微在亥』命盤格式

12.紫微在亥

天府(得) 巳	天同(陷) 太陰(平) 午	武曲(廟) 貪狼(廟) 未	太陽(得) 巨門(廟) 申
辰			天相(陷) 酉
廉貞(平) 破軍(陷) 卯			天機(平) 天梁(廟) 戌
寅	丑	子	紫微(旺) 七殺(平) 亥

1 『紫微在亥』命盤格式，『空宮坐命』子宮的『財庫』

◎在『紫微在亥』的命盤格式中，倘若你是坐命子宮為『空宮』的人，因對宮有『天同、太陰』相照，而『天同、太陰』又是居平陷的位置，你會有同陰溫和的個性，柔美的容貌，但是多勞碌和漂泊不定的生活。

◎倘若子宮中，有『羊陀、火鈴、四煞』進入，人不但勞碌、奔波、且羸黃體瘦。若是『昌曲、左右、魁鉞』在子宮，雖然辛苦坎坷，也能貴顯。癸年生的人有『祿存』在命宮主富。丁年生的人

◎有『祿存』和『太陰化祿』在對宮也較富有。丙年生的人有『天同化祿』在對宮，日子也好過。

**◎坐命子宮為『空宮』有『同陰』相照的人，你的父母宮是『武

貪相照』，與父母不和睦。**你的兄弟宮是『紫殺』**，兄弟的地位雖高，與你也是緣薄不和。**你的夫妻宮是『機梁』**，配偶智慧高，與你相處和諧。**你的子女宮是『天相陷落』**，子女乖巧，但不得力。**你的朋友宮是『天府』**，朋友是你生財的最佳助力了。

◎坐命子宮為『空宮』有『同陰』相照的人，你的財帛宮是『陽巨』，早年得財有好有壞，至晚年較平順。**你的福德宮是『陽巨相照』**，勞心勞力終身，是非又多，晚年才能享清福。**你的官祿宮是『機梁相照』**，是最佳的運師幕僚人材。有『文昌、文曲、左輔、右弼』進入官祿宮可做清高職業。有『羊、陀』進入官祿宮，從軍警武職較平順。**你的田宅宮是『廉破』**，年青時房地產是留不住的，年老時也許留得住。

◎坐命子宮為『空宮』有『同陰』相照的人，你的『財庫』在五

仟萬至八仟萬元上下。

◎丑、未年爆發的『武貪格』偏財運若無破格，『財庫』會稍大。

◎倘若有『祿存』在命宮，其『財庫』較普通，有一、二億元之譜。

2 『紫微在亥』命盤格式，『空宮坐命』丑宮的『財庫』

◎在『紫微在亥』的命盤格式裡，倘若你是坐命丑宮為『空宮』的人，因對宮有『武貪相照』，你也具有『武貪』剛強率直的個性，少年不利，三十歲以後才發的運程。因本命就坐在『殺、破、狼』格局之上，故一生變化起伏大。

◎戊年生的人有『貪狼化祿』，在對宮相照。己年生的人有『武曲化祿、貪狼化權』在對宮相照。庚年生的人有『武曲化權』在對宮相照。這些命局都會在事業上創造極大的財富。

◎坐命丑宮為『空宮』有『武貪』相照的人，你的父母是『陽巨相照』，與父親感情不睦，常有口角爭執，**你的兄弟宮是『同陰相照』**，兄弟感情尚可。**你的夫妻宮是『紫殺』**，晚婚較好，否則刑剋不和。**你的子女宮是『機梁』**，子女中女多男少，只有一子，親子關係和諧。**你的朋友宮是『同陰居午』**，沒有朋友和屬下運，因此只有靠你自己，根本無人能助你生財。

◎坐命丑宮為『空宮』有『武貪』相照的人，你的財帛宮是『天相陷落』，你必須做固定的工作，否則財運起伏大，不太穩定。**你的官祿宮是『天府』**，努力工作可得財富不少。**你的福德宮是『廉破』**，一生勞碌，破耗又多，根本享不到福。**你的田宅宮是『機梁相照』**，晚年會有不動產。

◎坐命丑宮為『空宮』有『武貪』相照的人，你的『財庫』有一、二億元之譜。

◎若有『火星、鈴星』坐命宮，又有『祿星』、『權星』在對宮相照的人，偏財運沒有破格的，可達五億元以上。

3 『紫微在亥』命盤格式，『空宮坐命』寅宮的『財庫』

◎在『紫微在亥』命盤格式中，倘若你是坐命寅宮為『空宮』的人，因對宮有『陽巨相照』，你做人隨和、寬大，但是在年輕時很勤勞，中年以後怠惰的情況發生。在文化、教育界工作較好。

◎甲年生的人有『祿存』在命宮，庚年生的人有『祿存』和『太陽化祿』在對宮相照，都是稍富的命局。辛年生的人有『太陽化權、巨門化祿』相照，癸年生的人有『巨門化權』相照，事業上較有成就，也能多得財富。

◎坐命寅宮為『空宮』有『陽巨』相照的人，你與父母不合，與兄弟易生爭執，與配偶相處仍是陰暗不定。與子女也無緣份。你與朋友相處，也是常遭嫉妒而失敗。因此只有靠你自己來打拚了。

◎坐命寅宮為『空宮』有『陽巨』相照的人，你的財帛宮是『機梁』，需靠聰明的頭腦來生財，可因巧智而得大富貴。**你的福德宮亦是『機梁相照』**，倒是安逸享福的過一生。**你的官祿宮是『同陰陷落』**，你的職位不高所賺的錢也不多。但是你卻能一點一滴的積蓄起來。**你的田宅宮是『天府』**，你的『財庫』就是買了眾多的房地產存了起來。

◎在丑、未年時，你也會爆發『武貪格』的旺運，得到一筆財富。因此在你的人生裡，雖然親人與你並不融洽，但還是有許多快樂的。

◎坐命寅宮為『空宮』有『陽巨』相照的人，你的『財庫』約在五仟萬至二億元左右。若有『祿星』在命宮或相照，『財庫』稍大。

4 『紫微在亥』命盤格式，『廉破坐命』卯宮的『財庫』

◎在『紫微在亥』命盤格式中，倘若你是『廉貞、破軍』坐命在卯宮的人，因雙星居平陷，對宮相照的『天相』也居陷落，故你自小體弱多病。長大後又必須白手起家，雖然有抱負，有志氣，但是辛苦勞碌不免。

◎乙年生的人有『祿存』在命宮。甲年生的人有『廉貞化祿、破軍化權』在命宮稍富。

◎**『廉破坐命』卯宮的人，你的父母宮是『空宮』有『機梁相照』**，你與父母感情不親密。**你的兄弟宮是『陽巨相照』**，與兄弟的感情不夠深厚，常有口角是非。**你的夫妻宮是『武貪相照』**，做妻子的能力較強，會引起爭端不和的狀況。但配偶能助你獲得意外的財富。**你的子女宮是『同陰居平陷相照』**，子女乖巧但不得力。**你的朋友宮是『陽巨』**，朋友雖多，但互相攻擊破壞，是非口舌很多，對你沒有助力。因此能幫你生財的是配偶。

◎**『廉破坐命』卯宮的人，你的財帛宮是『紫殺』**，可得意外暴發之機會，獲得大財富。丑、未年，得『武貪格』之所賜，可暴發財富，得財不少。**你的官祿宮是『武貪』**，事業上有多次爆發好運之機會，小心營謀，以防止暴起暴落之隱憂。壬年生的人有『武曲化忌』，便無此好運了。**你的福德宮是『天府』**，你常喜愛物質享受，也儘情享受你得來的財富。**你的田宅宮是『同陰居陷』**，你的房地產很少，也可能沒有，差不多都被你破耗和享受光了。

◎『廉破坐命』卯宮的人，你的『財庫』大致在一、二億元左右。倘若有『祿星』、『權星』在命宮，『財庫』稍大。

5 『紫微在亥』命盤格式，『空宮坐命』辰宮的『財庫』

◎在『紫微在亥』的命盤格式中，倘若你是坐命辰宮為『空宮』的人，因對宮有『機梁相照』，你也具有『機梁』聰敏、有策劃能力的頭腦，成為一個軍師的人材。因本命照會『機月同梁』格，做公務員及幕僚人員最好。

◎乙年生的人照會『天機化祿、天梁化權』。丙年生的人照會『天機化權』。壬年生的人照會『天梁化權』，工作上較有表現，生活也會富裕。

◎坐命辰宮為『空宮』有『機梁』相照的人，你的父母宮是『天府』，父母會給你物質上的資助。**你的兄弟宮是『廉破』**，兄弟不和睦。**你的夫妻宮是『陽巨相照』**，夫妻間雖多口角，但平順過日子。**你的子女宮是『武貪相照』**，與子女不和。**你的朋友是『天相陷落』**，朋友、部屬雖多，但不得力。因此能助你生財的是父母。

◎坐命辰宮為『空宮』有『機梁』相照的人，你的財帛宮是『同陰居平陷相照』，手邊可運用的錢財少，也會時常拮据。**您的福德宮是『同陰陷落』**，一生辛勞求財，享受也不多，是個安貧樂道的人。**你的官祿宮是『陽巨』**，從教職，運用口才的職業，可得名聲顯揚，財的部

你的『財庫』有多大

份少了一點。**你的田宅宮是『武貪格』**，丑、未年可有意外之好運，不但可暴發錢財，也可能意外得到房地產，但是不易存留，一直要到晚年，才可留得住。

◎坐命辰宮為『空宮』有『機梁』相照的人，你的『財庫』，大約是五仟萬至二億元左右。倘若有『祿存』在『財、福』二宮的人，『財庫』稍大一點。

◎倘若有『祿星』、『權星』在田宅宮的人，必須沒有破格，『財庫』較大，但是也要在晚年才留得住。自己是享受不到的。『財庫』可達三億元之譜。有特殊八字的人，『財庫』會有數十億、數百億之多。日本首富柳井正為此命格之人。

6 『紫微在亥』命盤格式，『天府坐命』巳宮的『財庫』

◎在『紫微在亥』命盤格式裡，倘若你是『天府坐命』巳宮的人，因對宮有『紫殺相照』，你是一個謹慎保守的人，很會理財，但終身勞祿命，一生也能享受無數個好運。做公教、文職很適合你的個性。

◎丙年、戊年生的人有『祿存』在命宮，壬年生的人有『祿存』在對宮相照，更增加你的財富。

◎『天府坐命』巳宮的人，你的父母宮是『同陰居平陷』，與父母感情淡薄。**你的兄弟宮是『機梁相照』**，可得兄弟在精神上的支持。**你的夫妻宮是『廉破』**，夫妻感情不佳，會離婚。**你的子女宮是『陽巨相照』**，子女活潑常爭吵。**你的朋友宮是『機梁』**，早年得不到好朋友與屬下的幫助，年老時才可。因此無人能成為助你生財的助力，只能靠自己。

◎『天府坐命』巳宮的人，你的財帛宮是『空宮』有『武貪相照』，沒有破格時，你在丑、未年會爆發『武貪格』大運，讓你暴發財富，得財很多。**你的福德宮是『武貪』**，一生勞心勞力，晚年，才能享福。**你的官祿宮是『天相陷落』**，你的職位不高，做個小公務員而已。**你的田宅宮是『陽巨』**，房產不多，也許沒有。

◎『天府坐命』巳宮的人，你的『財庫』約在八仟萬元至二億元上下。

◎若有『祿存』在命宮，『財庫』有三億元上下。『武貪格』所暴發的『財庫』，會因『暴起暴落』的關係而消耗掉了。

7 『紫微在亥』命盤格式，『同陰坐命』午宮的『財庫』

◎在『紫微在亥』的命盤格式中，倘若你是『天同、太陰』坐命在午宮的人，因『天同、太陰』俱陷落的關係，你會一生勞碌、漂泊不定，宜注意健康問題。

◎丁年生的人有『祿存』和『太陰化祿』在命宮。己年生的人有『祿存』在命宮，丙年生的人有『天同化祿』在命宮，這三個命局稍富。

◎『同陰坐命』午宮的人，你的父母宮是『武貪』，與父母相處不合。**兄弟宮是『天府』**，能得到兄弟金錢上的資助。**你的夫妻宮是『機梁相照』**，配偶智慧高，緣份好。**子女宮是『廉破』**，親子間相剋害，關係不佳。**你的朋友宮是『紫殺』**，得不到朋友與屬下的幫助。因此助你生財的就是你的兄弟和配偶了。

◎『同陰坐命』午宮的人，你的財帛宮是『空宮』有『陽巨相照』，財運起起落落，不穩定，是非又多。晚年會好一點。**你的福德宮是『陽巨』**，終生勞心勞力，要到晚年才會享福。**你的官祿宮是『機梁』**，是最佳的幕僚人材，職位與權位都高。**你的田宅宮是『天相陷落』**，房地產為破舊之屋，也根本留不住。

◎『同陰坐命』午宮的人，你的『財庫』，大約在五仟萬至八千萬元之譜。『祿星』在命宮的『財庫』較多，會達一億元以上。

（丑、未年會爆發『武貪格』旺運，也包括在這些財富之中。）

8 『紫微在亥』命盤格式，『武貪坐命』未宮的『財庫』

◎在『紫微在亥』的命盤格式中，倘若你是『武曲、貪狼』坐命未宮的人，因本命既是『武貪格』，又是坐在『殺破狼』格局上，一生命程動蕩，起伏之大，為諸命局之冠。

◎『武貪坐命』未宮的人，有堅強的個性，才藝高，少年不利，三十歲以後才發，且有慳吝的本性。也因偏運較強，因此自己的賭性也堅強，要小心防範，以免自害。

◎『武貪』的人喜歡賭在事業上，野心很大，宜往商場發展。是個勞碌命的人。

◎戊年生的人有『貪狼化祿』在命宮。己年生的人有『武曲化祿、貪狼化權』在命宮。庚年生的人有『武曲化權』在命宮。這些命局都是有助事業發展和多獲財富的格局。

◎**『武貪坐命』未宮的人，你的父母宮是『陽巨』**，與父親感情不睦，常發生爭執。**你的兄弟宮是『同陰陷落』**，兄弟雖有二、三人，但感情不佳，不得力。**你的夫妻宮是『天府』**，配偶是你的財庫，感情也親密。**子女宮是『機梁相照』**，子女聰敏緣深，但在錢財上並不得力。**你的朋友宮『同陰陷落』相照**，朋友溫和，但感情不深。故能助你生財的是配偶。

◎**『武貪坐命』未宮的人，你的財帛宮是『廉破』**，年青時賺錢困難、三十歲以後發富，一生在勞碌中生財。但是破耗也多，有浪費的傾向。**你的官祿宮是『紫殺』**，做競爭性強的行業較有財，**你的福德宮是『廉破相照』**，一生勞碌奔波過日子，絲毫得不到休息。**你的田宅宮是『機梁』**，會買進很多不動產，為晚年富有之命。

◎『武貪坐命』未宮的人，未形成『破格』的人，你的『財庫』在一至五億元以上。

9 『紫微在亥』命盤格式，『陽巨坐命』申宮的『財庫』

◎在『紫微在亥』的命盤格式中，倘若你是『太陽、巨門』坐命在申宮的人，你的個性寬宏，不與人計較，會有少年勤奮，中年怠惰的狀況；宜從事文化、教職。

◎庚年生的人有『祿存』和『太陽化祿』在命宮較富。辛年生的人有『巨門化祿』和『太陽化權』在命宮，名聲響亮，事業較有成就。

◎『陽巨坐命』申宮的人，你的父母溫和但不得力。你的兄弟宮是『武貪』，兄弟不和睦。你的夫妻宮是『同陰陷落』，夫妻相處也是

你的朋友宮是『武貪相照』，得不到好朋友及部屬的幫助。因此只有子女是你生財的助力。

陰晴不定。**子女宮是『天府』**，子女較有錢，從事金融事業。**你的朋友宮是『武貪相照』**，得不到好朋友及部屬的幫助。因此只有子女是你生財的助力。

◎**『陽巨坐命』在申宮的人，你的財帛宮是『機梁相照』**，『機梁』不主財，是運用智慧去得財，但財運並不旺。**你的福德宮是『機梁』**，一生可安逸快樂的享福。**你的官祿宮是『同陰陷落相照』**，職位不高，得財也不多。**你的田宅宮是『紫殺』**，自己辛苦打拚，能自置房產，不多。

◎**『陽巨坐命』申宮的人，你的『財庫』大約在七、八千萬之譜。若有『祿星』、『權星』居命宮，『財庫』較大，有一、二億元以上。**

（包括丑、未年所暴發『武貪格』之偏財運所得之錢財。）

10 『紫微在亥』命盤格式，『天相坐命』酉宮的『財庫』

◎在『紫微在亥』的命盤格式中，倘若你是『天相坐命』在酉宮的人，因對宮有『廉破相照』，而『天相』又居陷落的位置，你的個性保守固執，擅理財務，做公職較好。

◎辛年生的人有『祿存』在命宮較富。甲年生的人有『廉貞化祿、破軍化權』相照。乙年生的人有『祿存』在對宮相照，事業上較有發展。

◎『天相坐命』酉宮的人，你的父母宮是『機梁』，父母很有智慧，能做你的軍師。**你的兄弟宮是『陽巨』**，兄弟感情不深厚。**你的夫妻宮是『武貪』**，配偶的能力較強，彼此不和諧。**子女宮是『同陰陷落』**，子女乖巧，但不得力。**你的朋友宮是『陽巨相照』**，朋友相爭執，很不得力。因此能助你生財的是配偶。

◎**『天相坐命』酉宮的人，你的財帛宮是『天府』**，一生財帛豐饒，手中的錢財多，不為錢煩腦。**你的官祿宮是『武貪相照』**，在事業上常有意外的好運。丑、未年會爆發『武貪格』之『偏財運』，可得財富很多，但要防『暴起暴落』的隱憂。壬年生的人沒有偏財運。**你的福德宮是『紫殺』**，無福可享，終生忙碌，但身心愉快，在忙碌中尋找快樂。**你的田宅宮是『同陰居陷相照』**，房產留不住，以致房產少或無。

◎**『天相坐命』酉宮的人，你的『財庫』約在七、八仟萬上下。**

◎**有『祿星』在命宮或守照的人，『財庫』稍多，有二、三億元上下。**

11 『紫微在亥』命盤格式，『機梁坐命』戌宮的『財庫』

◎**在『紫微在亥』命盤格式中，倘若你是『天機、天梁』坐命在**

戌宮的人，你的頭腦聰敏，有策劃能力，是『軍師格』的人材。此二星也是『機月同梁』格的主星，故從公職做幕僚人員最佳。

◎乙年生的人有『天機化祿、天梁化權』在命宮。壬年生的人有『天梁化祿』在命宮，父母宮有『紫微化權』，可靠祖產生活。

◎『機梁坐命』戌宮的人，你的父母宮是『紫殺』，父母很忙碌。你的兄弟宮是『天相陷落』，與兄弟不親密。**你的夫妻宮是『陽巨』**，雖有口角，但是對平凡夫妻。**你的子女宮是『武貪』**，與子女關係也不好。**你的朋友宮是『廉破』**，也交不到好朋友與好部屬來幫助你。因此能助你生財的人，只有你自己了。

◎『機梁坐命』戌宮的人，你的財帛宮是『同陰居陷』，手邊可運用的錢財少，有時也會拮据。**你的福德宮是『同陰陷落相照』**，你會一生勞碌，享用錢財也不多。**你的官祿宮是『陽巨相照』**，你從事學術、文化工作，會得到高名聲，但是非也不少。**你的田宅宮是『空宮』**

有『**武貪相照**』，田宅宮有『火、鈴』時，在丑、未年會爆發極大的『武貪格』的『偏財旺運』，可獲得一筆錢財，或意外的房地產，但是不長久，流年不佳時，也會失去。有『羊陀、劫空、化忌』同宮或相照田宅宮，都是破格不發。

◎『機梁坐命』戌宮的人，你的『財庫』大約在七仟萬至一億元左右。

◎有『化祿星』在命宮或『祿存』在『財、官、福、田等宮的人，『財庫』稍大一點。

12 『紫微在亥』命盤格式，『紫殺坐命』亥宮的『財庫』

◎在『紫微在亥』命盤格式中，倘若你是『紫微、七殺』坐命亥宮的人，因對宮有『天府星』相照，你有堅毅果敢的個性，做事很有魄力，雄心萬丈，但是往往也虎頭蛇尾，沒有長久性。個性好強健談，有擔當，是個有大丈夫氣慨的人。

◎壬年生的人有『祿存』和『紫微化權』在命宮，但有『武曲化忌』和『貪狼』在財帛宮，生活平順。丙年、戊年生的人有『祿存』在對宮，財運也不錯。

◎『紫殺坐命』亥宮的人，你的父母宮是『同陰陷落』相照，與父母緣份低，相處不佳。**你的兄弟宮是『機梁』**，兄弟可在精神上支持你。**你的夫妻宮是『天相陷落』**，配偶與你相處和諧，但在財運上不得力。**你的子女宮是『陽巨』**，與子女相處尚可，但口角多。**你的朋友宮是『機梁相照』**，朋友與你不同心，要到晚年才能找到好朋友，故沒有人能助你生財，只有靠你自己了！

◎『紫殺坐命』亥宮的人，你的財帛宮正是『武貪格』的暴發運

你的『財庫』有多大

上，每隔六、七年暴發一次，讓你獲得很多的財富。**你的福德宮是『武貪相照』**，一生勞碌，根本無法享福。因你的財帛宮和福德宮都坐在『武貪格』上，你一生的財運和人生起伏都大，你也會愈來愈不知足，但『暴起暴落』的陰影總是隨流年的好壞而起伏不定的。你一直要到老年才能稍留錢財。壬年生的人，不會爆發偏財運，只有靠算自己的努力了。**你的官祿宮是『廉破』**，從武職或競爭性強的行業較有成就。**你的田宅宮是『陽巨相照』**，是白手起家，愈來愈旺的趨勢，老年時房地產很多。

◎『紫殺坐命』亥宮的人，你的『財庫』有二億元以上。若命格中『武貪格』良好，沒有破格的人，有三億元之財富。己年生的人有『武曲化祿、貪狼化權』在『武貪格』中，若福德宮再有『火星』，形成雙重暴發運格，其人可有五億以上之資產，但不一定都留得住。

第四章　『財庫』擴張術的祕笈

在紫微斗數論命時，有許多人都把『身宮』略去不談，其實『身宮』是一個人內在靈魂、思想之所繫以及『財庫』之所在的地方。有時候我們看一個人的命盤，從命宮中知道了這人的長相、大致的個性，和在外面處事的態度，和他一生的運程。可是我們不知道在他內心深處真正在意的是什麼事情？在他這一生中，內心的『財庫』有多大？什麼事才是他心中所記掛懸念，覺得重要的事？

所以說，『身宮』是可探知一個人內心『財庫』秘密的地方。

第一節 『愛財得財』者的『財庫』意義

身宮在財帛宮的意義

『身宮』落在財帛宮的話，這個人一生所重視的就是『金錢』、『財富』。也就是說『金錢』、『財富』就是他的生命了！也可說是他的『財庫』與靈魂直接接通了！

有時『身宮落財帛宮』的人，表面上還會對錢財表現出瀟灑的態度，但是內心裡視財如命的他，已對眼前這個影響他錢財獲得的人恨之入骨了。

通常『身宮落財帛宮』的人，都有很好的數字頭腦，精於計算，對於自己金錢收入的狀況很投入心血，也很肯為錢財去努力打拚，是

『人為財死』最典型的人類了。

『身宮落財帛宮』的人，幾乎對於錢財都是六親不認的。不管是有多親的血緣關係，如父母、兄弟姐妹或自己的配偶、子女他都是會斤斤計較，算得一清二楚的。對於錢財絕對不允許有任何人對他做出苟且瞞混之事。

『身宮落財帛宮』的人，嚴格的說起來，是非常具有『守財奴』個性的人。多年前一位股市大亨死了，他終身不婚，每日只在公司大樓的騎樓下的小麵攤吃陽春麵。他是好幾家上市公司的股東，開股東大會時所發的禮品，他也請人用車運回，放在公司騎樓下，請工讀生幫忙賣。死後留下上百億的財產。為其兄弟姐妹和子姪爭奪殆盡，還鬧上公堂。

你的『財庫』有多大

當我們看到這麼一個人，就可很明顯的知道，他是一個『身宮落財帛宮』典型的人物了。

倘若一個人的命裡的『財庫』大，『身宮』又落在『財帛宮』，這是『愛財得財』者的『財庫』型式。此人多半是靠斤斤計較，辛苦勞碌而得財富的。此人很可能是財帛宮、身宮中有『天府星』的人，這是天性使然。

但是我們通常會發現有許多人的『身宮』落在『財帛宮』，但是命裡『財庫』的財並不多，而且更有許多煞星分處於命局中的重要宮位之中，例如有煞星分處在『命、財、官、夫、遷、福、田』等宮。如此『窮命』命局的人生，便會慳吝痛苦了，一生也過得不愉快，會常因錢財和人發生爭執。這個狀況和『因財被劫』是同樣的了。

第二節　愛工作而得財者的『財庫』意義

身宮在官祿宮的意義

『身宮』既然是人的心靈之所繫的地方，『身宮落官祿宮』的人，也表示『財庫』落在官祿宮，當然心裡所重視懸念的就是『事業』了。

通常『身宮落官祿宮』的人，他們喜愛工作。倒不能說他們一定能將事業做得多大，而是他們較喜歡工作所帶來的忙碌，和從工作中所體會出來的快樂。

當然，工作所獲得的錢財也是他們所追求的目標。但嚴格的比較起來，錢財仍比不上『名聲、地位』在『身宮落事業宮』的人他心中地位的名次。**因此『身宮落官祿宮』的人，最重視的應該是名聲和權力的獲得了吧！**

你的『財庫』有多大

但是我們時常也可在一些街頭小販的命局中發現，也有許多人『身宮』是落在官祿宮的。這樣來說名聲、地位和權力對他們就根本不適用了。

其實也不然！我們可以看到這些『身宮落官祿宮』的小販，兢兢業業的努力，常常獨自闖出名號，成為周圍響叮噹的人物，生意特別好，遠近馳名。這也可證明『財庫』正落在工作上了。

『身宮落官祿宮』的人，對於旁邊的人要妨礙他的工作是萬分厭惡痛恨的。不管這人是父母、配偶、子女，亦或是朋友。通常他們浸沈在工作的忙碌快樂中，難以自拔，節衣縮食的摒棄了人間的享受。有人會說，世界上怎會有這種人呢？正是！那些埋首在研究室中的科學家，最後創造出科學奇蹟的人們，都是這種讓人敬佩的人！

當然，由於鍾情於事業所努力打拼出來的成績，繼而得到『財庫』豐滿，也是理所當然的事了。

第五章 各類『財庫』進財的時間分析

各類命局的財運分析

『紫微在子』命盤格式

『紫微在子』的命盤格式中，以子年、午年、辰年、申年都有很好的財運，其『財庫』能進財。

你的『財庫』有多大

1 『紫微坐命』子宮的人之財運分析

陽男陰女：幼年時走紫微的運程與五十多歲至六十多歲走『廉府』的大運時較為有錢，『財庫』會增加。

陰男陽女：幼年時走『紫微』的運程。三十多歲至四十多歲走『七殺』的大運。四十多歲至五十多歲走『武相』的大運時較有錢，『財庫』會增大。

2 『空宮坐命』丑宮有『同巨相照』的人之財運分析

陽男陰女：幼年辛苦，四十多歲至五十多歲。六十多歲至七十多歲的大運較會有錢，『財庫』會增加。

陰男陽女：幼年辛苦，青少年過得好，三十多歲至四十多歲走『七殺』大運時。五十多歲至六十多歲走『武相』的大運時，較有錢，『財庫』會增大。

3 『破軍坐命』寅宮的人之財運分析

陽男陰女：二十多歲至三十多歲走廉府大運。四十多歲至五十多歲走『貪狼』大運時，六十多歲至七十多歲走『武相』大運時，財運都非常旺盛，『財庫』會增大。

陰男陽女：在二十多歲至三十多歲走『紫微』大運。四十多歲至五十多歲走『七殺』大運時，六十多歲至七十多歲走『武相』大運時，都會過得很好，較富裕，『財庫』會增大。

4 『空宮坐命』卯宮有『陽梁相照』的人之財運分析

陽男陰女：十多歲至二十多歲，三十多歲至四十多歲走『貪狼』大運時，五十多歲至六十多歲走『武相』大運時較有錢，『財庫』會增大。

陰男陽女：三十多歲至四十多歲走『紫微』大運時，五十多歲至六十多歲走『七殺』大運較有錢，『財庫』會增加。

5 『廉府坐命』辰宮的人之財運分析

陽男陰女：幼年時富裕，二十多歲至三十多歲會爆發好運，四十多歲至五十多歲走『武相』運時，六十多歲至七十多歲走『七殺』大運時，財運較好，『財庫』會增大。

陰男陽女：幼年時富裕，要到四十多歲至五十多歲走『紫微』大運，六十多歲至七十多歲走七殺大運時才會有錢，『財庫』會增大。

6 『太陰坐命』巳宮的人之財運分析

陽男陰女：幼時較苦，十多歲至二十多歲時逢『貪狼』大運有好運。三十多歲至四十多歲走『武相』大運。五十多歲至六十多歲走『七殺』大運較多財，『財庫』會增加。

陰男陽女：幼時較苦，十多歲至二十多歲走『廉府』大運，五十多歲至六十多歲走『紫微』大運較有錢，『財庫』會增加。

7 『貪狼坐命』午宮的人之財運分析

陽男陰女：幼時即有好運，青少年時不佳，二十多歲至三十多歲，四十多歲到五十多歲走『七殺』大運，六十多歲到七十多歲走『紫微』大運時，財運都很好，『財庫』會增加。

陰男陽女：幼年富裕，青少年時不佳，二十多歲至三十多歲走『廉府』大運，要到六十多歲至七十多歲走『紫微』大運時，財運才會好，『財庫』會增加。

8 『同巨坐命』未宮的人之財運分析

陽男陰女：十多歲至二十多歲走『武相』大運時，三十多歲至四十多歲走『七殺』大運。五十多歲至六十多歲走『紫微』大運

陰男陽女：時，財運最好，『財庫』會增大。十多歲至二十多歲走『貪狼』大運時，會有好運。三十多歲至四十多歲，走『廉府』大運時財運較好，『財庫』會增大。

9『武相坐命』申宮的人之財運分析

陽男陰女：幼年富裕。二十多歲至三十多歲走『七殺』大運時，四十多歲至五十多歲走『紫微』大運時會有錢，『財庫』會增加。

陰男陽女：幼時富裕，二十多歲至三十多歲會有好運，四十多歲至五十多歲走『廉府』大運時，較有錢，『財庫』會增加。

10 『陽梁坐命』酉宮的人之財運分析

陽男陰女：十多歲至二十多歲『七殺』大運。三十多歲至四十多歲走『紫微』大運時，財運不錯，『財庫』會增大。

陰男陽女：十多歲至二十多歲走『武相』大運，三十多歲至四十多歲走『貪狼』大運會有好運，五十多歲至六十多歲走『廉府』大運時，財運很好，『財庫』會增加。

11 『七殺坐命』戌宮的人之財運分析

陽男陰女：二十多歲至三十多歲走『紫微』大運時，財運好，要到六十多歲至七十多歲走『廉府』大運時，財運才會再度降臨。

陰男陽女：二十多歲至三十多歲走『武相』大運。四十多歲至五十多歲走『貪狼』大運時，會爆發好運。六十多歲至七十多歲走『廉府』大運時，這三個階段財運較好，『財庫』會增加。

12『天機坐命』亥宮的人之財運分析

陽男陰女：十多歲至二十多歲走『紫微』大運時，財運好。要到五十多歲至七十多歲，走『廉府』大運時，才會變好，『財庫』會增加。

陰男陽女：三十多歲至四十多歲時走『武相』運，較有錢。五十多歲至六十多歲時，有好運財較多，『財庫』會增大。

『紫微在丑』命盤格式

『紫微在丑』命盤格式中，以丑年、卯年、午年、未年都有很好的財運。也是『財庫』會增加的時候。

1 『天機坐命』子宮的人之財運分析

陽男陰女：十多歲至二十多歲很會努力打拚，有很好的財運。此外三十多歲至四十多歲走『天府』大運時，以及六十多歲至晚年走『巨門』、『天相』大運時，財運還不錯，『財庫』會增加。

陰男陽女：幼年時尚好，要至老年走『同梁』、『天相』運程時財運才會平順，『財庫』會增加。

2 『紫破坐命』丑宮的人之財運分析

陽男陰女：幼時富裕，花費父母錢財多。二十多歲至三十多歲走『天府』大運時金錢運好。五十多歲至六、七十歲時，又逢『巨門』、『天相』大運，財運平順，『財庫』會增加。

陰男陽女：幼時富裕，要到老年走『同梁』、『天相』運程，財運才會平順，『財庫』會增加。

3 『空宮坐命』寅宮有『同梁相照』的人之財運分析

陽男陰女：十多歲至二十多歲走『天府』大運，財運佳。四十多歲至五十多歲，財運多是非。五十多歲至六十多歲逢『天相』大運時，財運才會平順，『財庫』會慢慢增加。

陰男陽女：十多歲至二十多歲，財運不錯。二十多歲至三十多歲財運起伏不定，多是非。要至晚年財運較會平順，『財庫』會慢慢變化。

4 『天府坐命』卯宮的人之財運分析

陽男陰女：幼時富裕，要到四十多歲至五十多歲走『天相』大運時財運才會好。

陰男陽女：幼時富裕，二十多歲至三十多歲，會賺也會花，算是財運好的。四十歲以前財運好，四十歲以後運蹇多波折，『財庫』會慢慢變化。

5 『太陰坐命』辰宮的人之財運分析

陽男陰女：幼時較苦，要到三十多歲到四十多歲財運才會有一段平順時期。一生財運不太好，『財庫』會慢慢變化。

陰男陽女：幼時較苦，十多歲至二十多歲走『天府運』較有錢，到了三十多歲至四十多歲至五十五歲走『紫破、天機』大運時，較會打拚，財運較好。晚年財運不佳，『財庫』會慢慢變化。

6 『廉貪坐命』巳宮的人之財運分析

陽男陰女：幼年辛苦，十多歲至四十多歲財運還平順。此後『因財被劫』老年較苦，『財庫』會慢慢變化。

陰男陽女：幼年較苦，二十多歲至三十多歲較有錢，四十多歲至五十多歲走『紫破』大運較會打拚、金錢運也變好，『財庫』會慢慢變好。

7 『巨門坐命』午宮的人之財運分析

陽男陰女：幼時至三十五歲以前，財運不是很多，但平順。要能活到七、八十歲，財運才會再變好，『財庫』會慢慢變好。

陰男陽女：三十五歲以前財運都不好，要到三十五歲至四十五歲走『天府』大運時，財運才會好。五十多歲到六十多歲走『紫破』大運時，財進財出，手邊的財才會多一些，『財庫』會變好。

8 『天相坐命』未宮的人之財運分析

陽男陰女：二十多歲以前財運平順。要到五十三歲以後走『天機』、『紫破』大運時，財運才會好，『財庫』會變好。

陰男陽女：幼時平順，要到四、五十歲走『天府』大運和六十多歲至七十多歲走『紫破』大運時，財運較好，『財庫』會變好。

9 『同梁坐命』申宮的人之財運分析

陽男陰女：幼時生活平順。青少年開始不佳，要到五十歲以後走『天機』、『紫破』大運時，財運才會有起色，『財庫』會變好。

陰男陽女：三十歲以前財運尚可。中年不佳，要到五十歲至六十歲，逢『天府』大運時，財運才會好，『財庫』會變好。

10『武殺坐命』酉宮的人之財運分析

陽男陰女：幼時『因財被劫』生活較苦，三十多歲後較有變化，四十多歲至五十多歲時，走『紫破』的大運，『財庫』會變好。

陰男陽女：幼時生活較苦，青少年至三、四十歲財運平順。要到六十多歲至七十歲時走『天府』大運時，較有錢，『財庫』變好。

11『太陽坐命』戌宮的人之財運分析

陽男陰女：三十歲以前財運不佳。三十多歲至四十多歲走『紫破』大運和五十多歲至六十多歲走『天府』大運時，這兩個階段較有錢，『財庫』變好。

陰男陽女：二十多歲至四十多歲，財運平順。要能活到七、八十歲走『天府』大運時，『財庫』才會好。

12 『空宮坐命』亥宮有『廉貪相照』的人之財運分析

陽男陰女：二十多歲至三十多歲走『紫破』大運，很會打拚，財運好。四十多歲至五十多歲走『天府』大運時，『財庫』較佳。

陰男陽女：三十多歲以後『財庫』較平順一點。

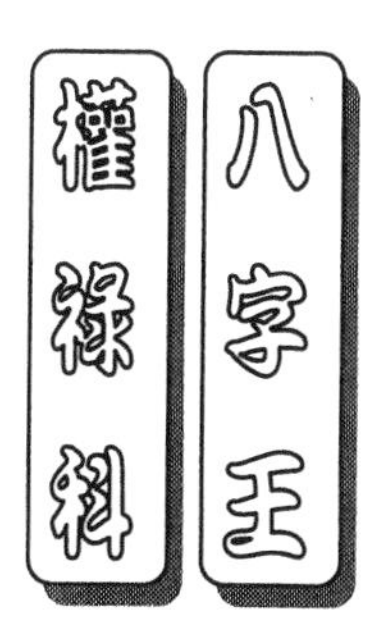

『紫微在寅』命盤格式

『紫微在寅』命盤格式中，以寅年、辰年、午年、申年、戌年財運最佳。『財庫』會增加。

1 『破軍坐命』子宮的人之財運分析

陽男陰女：二十多歲至三十多歲走『紫府』大運時，財運最好。四十多歲至五十多歲會爆發旺運。財富暴發，『財庫』不錯。

陰男陽女：二十多歲至三十多歲會爆發旺運，獲得財富很多。四十多歲至五十歲時逢『七殺旺運』，再度奮起打拚，一生財運不錯。『財庫』漸增大。

2 『天機坐命』丑宮的人之財運分析

陽男陰女：十多歲至二十多歲逢『紫府』運程，財運大好。三十多歲至四十多歲逢『武貪格』大運，爆發財運。此後『財庫』平順。

陰男陽女：三十多歲至四十多歲時爆發財運以後漸佳。財庫會增加。

3 『紫府坐命』寅宮的人之財運分析

陽男陰女：幼時富裕，十多歲時較差。二十多歲至三十多歲爆發財運，此後『財庫』通順增多。

陰男陽女：幼時富裕，十多歲時較差。要到四十多歲到五十多歲之間的這段時間內，走『武貪』大運時，爆發財運以後才會平順。『財庫』會慢慢增加。

4 『太陰坐命』卯宮的人之財運分析

陽男陰女：十多歲至二十多歲爆發財運，此後財運較平順。『財庫』增大。

陰男陽女：幼年較苦，十多歲至二十多歲走『紫府』大運，『財庫』較佳。要到五十多歲至六十多歲，爆發財運，『財庫』才會好。

5 『貪狼坐命』辰宮的人之財運分析

陽男陰女：幼年即有好運，一生平順。要到六十多歲至七十多歲再走『武貪格』大運時，才會爆發財運。『財庫』變大。

陰男陽女：幼年時即有好運。二十多歲至三十多歲走『紫府』大運時財運佳。要到六十多歲至七十多歲走『武貪格』大運時才會爆發財運，得到大財富。『財庫』變大。

6 『巨門坐命』巳宮的人之財運分析

陽男陰女：一生的財運都平順。三十多歲至四十多歲努力打拚之後，財運較佳。五十多歲至六十多歲會爆發『武貪格』的爆發運，獲得很多財富。『財庫』變大。

陰男陽女：在十多歲至二十多歲時即爆發『武貪格』的旺運，獲得財富很多。在二十多歲至三十多歲較不好。至三十多歲至四十多歲走『紫府』大運，也是財運最好的時候。『財庫』變大。

7 『廉相坐命』午宮的人之財運分析

陽男陰女：青少年平順。二十多歲至三十多歲，很會努力打拚，財運不錯。四十多歲至五十多歲時走『武貪格』的大運，會爆發財運的得財很多。『財庫』變大。

陰男陽女：二十多歲至三十多歲會爆發『武貪格』旺運，暴發財富。三十多歲至四十多歲的財運較差。四十多歲至五十多歲再走『紫府』大運時，財運轉好。『財庫』轉好變大。

8 『天梁坐命』未宮的人之財運分析

陽男陰女：十多歲時就努力打拚，財運佳。三十多歲至四十多歲走『武貪格』大運時，爆發財運，得財不少。『財庫』變大。

陰男陽女：三十歲以前的財運平順而已。三十多歲至四十多歲的大運裡走到『武貪格』旺運，會爆發財運得財很多。五十多歲到六十多歲的大運走『紫府』運程，是最有錢的時候。『財庫』變大。

9 『七殺坐命』申宮的人之財運分析

陽男陰女：二十多歲至三十多歲走『武貪格』暴發運的運程，得財很多。六十歲至七十歲時走『紫府』運程，『財庫』再度變大。

陰男陽女：四十歲以前財運平平。四十多歲至五十多歲爆發『武貪格』的偏財旺運，財富增多。六十多歲至七十多歲走『紫府』的大運，『財庫』變大。

10 『天同坐命』酉宮的人之財運分析

陽男陰女：十多歲至二十多歲時爆發『武貪格』旺運，暴發財富。要到五十多歲至六十多歲這段大運期間，走『紫府』的運程時，才會富有。『財庫』增加。

陰男陽女：要到五十多歲至六十多歲走『武貪格』大運時，才會爆發財富行大運。『財庫』變大。

11『武曲坐命』戌宮的人之財運分析

陽男陰女：幼年富裕有好運，要到四十多歲到五十多歲，走『紫府』運程時才會有錢。六十多歲至七十多歲會爆發偏財運，得到大財富。（每逢辰、戌年也會有些偏財運）。『財庫』變大。

陰男陽女：幼年富裕有好運，一生財運平順，六十多歲至七十多歲才會爆發『武貪格』的偏財大運，得到大財富。（每逢辰戌年也會有些偏財小運）。『財庫』變大。

12『太陽坐命』亥宮的人之財運分析

陽男陰女：三十多歲至四十多歲走『紫府』大運時財運佳，錢財滾滾。

五十多歲至六十多歲爆發偏財大運，得到大財富。『財庫』變大。

陰男陽女：十多歲至二十多歲即爆發『武貪格』之大運，得到大財富。三十多歲至四十多歲努力打拚，得財很多。一生財運都不錯。『財庫』增大。

『紫微在卯』命盤格式

『紫微在卯』命盤格式中，以丑年、寅年、卯年、申年、酉年財運較佳。尤以丑年最富。『財庫』會慢慢增加。

1 『太陽坐命』子宮的人之財運分析

陽男陰女：十多歲至二十多歲走『天府』大運時，財運很好。一直到四十多歲走『紫貪』大運運程時，『財庫』都很好。

陰男陽女：要到三十多歲至四十多歲的大運時，『財庫』較好，較有錢。

2 『天府坐命』丑宮的人之財運分析

陽男陰女：三十歲以前財運都很好。三十歲以後起落較大。一生『財庫』尚稱平順。

陰男陽女：幼年好。四十多歲至五十多歲時，『財庫』較佳。

3 『機陰坐命』寅宮的人之財運分析

陽男陰女：二十歲以前財運很好。二十至三十歲財運差。三十歲以後『財庫』平順。

陰男陽女：二十歲以前財運好。要到五十多歲至六十多歲財運才會再度旺盛。『財庫』豐滿。

4 『紫貪坐命』卯宮的人之財運分析

陽男陰女：幼年財運好。二十多歲以後『財庫』平順。

陰男陽女：三十歲以前財運非常好，要到六、七十歲『財庫』會再度旺盛。

5 『巨門坐命』辰宮的人之財運分析

陽男陰女：幼年較苦，成長後財運稍為順利，四十多歲以後『財庫』慢慢變好。

陰男陽女：幼年較苦，十多歲以後至四十多歲之間的『財庫』較佳。老年『財庫』不佳，較窮。

6 『天相坐命』巳宮的人之財運分析

陽男陰女：三十歲以前『財庫』平順，三十多歲至五十多歲『財庫』增大。

陰男陽女：二十多歲至五十多歲之同，歷經『紫貪』、『機陰』、『天府』等大運，『財庫』較佳。

7『天梁坐命』午宮的人之財運分析

陽男陰女：少年時代較辛苦。二十多歲至四十多歲之間較進財。要能活到七、八十歲走『天府』大運時，『財庫』才會再度變好。

陰男陽女：一生『財庫』不錯。只有在二十多歲至三十多歲時，『財庫』差、較窮。

8『廉殺坐命』未宮的人之財運分析

陽男陰女：幼年較苦，十多歲至三十多歲時，『財庫』較好。一直要到六、七十歲時，走『天府』大運時，『財庫』才會變好。

陰男陽女：幼年較苦，三十多歲至四十多歲時『財庫』差，其他的時間，『財庫』都順利。

9 『空宮坐命』申宮有『機陰相照』的人之財運分析

陽男陰女：二十多歲以前財運很好。要到五十多歲至六十多歲走『天府』大運以後，『財庫』發達，老運好。

陰男陽女：四十歲以前，財運平順。四十多歲至五十多歲有一段晦暗的日子，五十歲以後『財庫』大開，愈來愈旺。

10 『空宮坐命』酉宮有『紫貪相照』的人之財運分析

陽男陰女：幼年好，生活平順。要到四十多歲以後走『天府』大運時，財運就來了，老年『財庫』愈來愈旺。

陰男陽女：二十歲以前『財庫』佳。一生平順而已。

你的『財庫』有多大

11 『天同坐命』戌宮的人之財運分析

陽男陰女：三十歲以後走『天府』大運時，『財庫』開始愈來愈旺，老運也愈來愈好。

陰男陽女：十多歲至三十歲之間『財庫』較佳。此後『財庫』平順而已。

12 『武破坐命』亥宮的人之財運分析

陽男陰女：二十多歲以後走『天府』大運開始行財運，一直到五十多歲，都是『財庫』好的運程。

陰男陽女：二十多歲至四十多歲『財庫』較佳。此後平順而已。

『紫微在辰』命盤格式

『紫微在辰』命盤格式中，以子年、丑年、辰年、亥年財運都很好，尤以子年最富。『財庫』還算平順。

1 『武府坐命』子宮的人之財運分析

陽男陰女：幼時富裕，一生都『財庫』豐滿。只有五十歲至六十多歲時較差。

陰男陽女：幼時富裕，一生都『財庫』好，財多。

2 『日月坐命』丑宮的人之財運分析

陽男陰女：只有四十多歲至五十多歲較難過，一生『財庫』平順。

陰男陽女：十多歲至二十多歲財運最佳。此外，其他的運程也『財庫』順利。

3 『貪狼坐命』寅宮的人之財運分析

陽男陰女：三十歲至四十多歲時，財運較差。三十歲以前及四十歲以後『財庫』變好。

陰男陽女：二十多歲至三十多歲之間，多聚財富，最有錢，『財庫』大。此外其他的運程，『財庫』也平順。

4 『機巨坐命』卯宮的人之財運分析

陽男陰女：二十歲以前財運好。二十多歲至三十多歲之間走『天梁陷落』的大運，『財庫』很差，三十多歲以後，『財庫』變平順。

陰男陽女：一生財運平順。三十多歲至四十多歲的運程走『武府大運』，『財庫』很大，也是個旺運、旺財的運程。

5 『紫相坐命』辰宮的人之財運分析

陽男陰女：幼時富裕，十多歲至二十歲的運程較差。二十歲以後財運平順。『財庫』變好。

陰男陽女：幼時富裕，一生財運不錯。四十多歲至五十多歲的大運走的是『武府』運程，財富多聚，非常富有。『財庫』很大。

你的『財庫』有多大

6 『天梁坐命』巳宮的人之財運分析

陽男陰女：一生『財庫』不大，但平順。

陰男陽女：十多歲以後『財庫』開始好轉，一生平順較富裕，至五十歲到六十歲之間，走『武府』的運程，『財庫』變大。

7 『七殺坐命』午宮的人之財運分析

陽男陰女：一生財運平順，至老年走『武府』大運時，財富聚集較多。成為一個富翁了。『財庫』增大。

陰男陽女：二十多歲以後財運轉好，此後一帆風順，到老年時走『武府』大運時，財富積聚成為一富翁。『財庫』變大。

8『空宮坐命』未宮有『日月相照』的人之財運分析

陽男陰女：一生財運平順。至五十多歲到六十多歲走『武府』大運時，『財庫』變好，可享清福。

陰男陽女：在二十歲至三十歲時財運較差，其他的運程都『財庫』平順。

9『廉貞坐命』申宮的人之財運分析

陽男陰女：一生財運平順，四十歲至五十歲的運裡走『武府』運程，財富多積，可成為一富翁。『財庫』變大。

陰男陽女：三十歲至四十歲的運程，財運較差，四十歲以後『財庫』變好。

10『空宮坐命』酉宮有『機巨相照』的人之財運分析

陽男陰女：三十歲至四十歲之間的大運走『武府』運程，多得財富，一生『財庫』豐滿。

陰男陽女：在四十歲至五十歲時有一段『財庫』不佳的窮日子，其他的運程，『財庫』平順。

11『破軍坐命』戌宮的人之財運分析

陽男陰女：一生財運皆佳。二十歲至三十歲的大運運程走『武府』運程，賺錢很多，積聚財富不少。『財庫』充足。

陰男陽女：五十歲以前，財運平順。五十歲至六十歲時有『財庫』不佳的煩腦，六十歲以後『財庫』又逢『紫相』大運，會變好。

12 『天同坐命』亥宮的人之財運分析

陽男陰女：一生財運亨通。十多歲至二十多歲，逢『武府』大運，可賺很多的錢。五十歲至六十歲『財庫』也亨通。只有在六十歲至七十歲這段大運間，『財庫』較差。

陰男陽女：一生『財庫』平順而已，六十歲至七十歲的大運『財庫』較差。

『紫微在巳』命盤格式

『紫微在巳』命盤格式中，以子年、丑年、寅年、巳年、午年、未年、申年、亥年財運最好。『財庫』慢慢變好。

1 『同陰坐命』子宮的人之財運分析

陽男陰女：幼年富裕平順。十多歲至二十多歲走『武貪格』大運，會爆發財運。三十歲至五十歲至之間，『財庫』較差，但平順可過。五十歲以後『財庫』又可轉好。

陰男陽女：二十歲以前都過得富裕，二十歲至四十歲之間，『財庫』較差。四十歲以後才漸漸轉好。五十歲至六十歲之間走『武貪格』大運，會暴發財，從此得到大財富。『財庫』變好。

2 『武貪坐命』丑宮的人之財運分析

陽男陰女：二十歲至四十歲之間是財運較差的運程。四十歲以後一帆風順。六十歲至七十歲的大運可逢『武貪格』暴發財運，享享老福。『財庫』變大。

陰男陽女：三十歲以前生活富裕，三十歲至五十歲之間財運欠佳。然後慢慢變好。六十歲至七十歲之間會爆發『偏財運』得到財富，可享老福。『財庫』變大。

3 『陽巨坐命』寅宮的人之財運分析

陽男陰女：十多歲到三十歲以前財運不佳。三十歲以後積極努力，財運變好。五十歲至六十歲之間走『武貪格』大運，會暴發財運，得到財富。『財庫』變大。

陰男陽女：十多歲至二十歲之間便暴發財運，得到許多財富。四十歲以前富裕快活。四十歲以後至六十歲之間，『財庫』不濟。要能活到七十歲至八十歲的大運，逢『武貪格』可暴發財富。

你的『財庫』有多大

4 『天相坐命』卯宮的人之財運分析

陽男陰女：二十歲以前財運都不佳。二十歲以後財運漸好。四十歲至五十歲時會暴發財運，獲得財富較大。『財庫』變大。

陰男陽女：幼時較差。十多歲以後較好。二十多歲至三十多歲時爆發『武貪格』的財運，可獲得財富。五十歲以前得享財富。五十歲以後財運又欠佳了。『財庫』變化多端。

5 『機梁坐命』辰宮的人之財運分析

陽男陰女：三十歲至四十歲會爆發財運，得到大財富。五十歲至七十歲之間，兩個大運都財運不佳。倘若能活到七十歲以上至八十歲間的大運裡，走『天府』旺運，才可『財庫』變好。

陰男陽女：二十歲以前，財運不佳。二十歲以後『財庫』變好。三十歲至四十歲之間爆發『武貪格』之偏財運，獲得財富很多，從此一帆風順。至六十歲以後『財庫』變差。『財庫』變化多端。

6 『紫殺坐命』巳宮的人之財運分析

陽男陰女：四十歲以前財運佳，尤其在二十歲至三十歲時爆發『武貪格』旺運，獲得巨大財富。四十歲至六十歲之間兩個大運分別是『廉破』、『機梁』，皆不主財，破耗多，『財庫』較差。六十歲以後走『天府』大運、『同陰』大運，『財庫』又轉回富有了。『財庫』變化多端。

陰男陽女：幼年尚好。三十歲以前財運欠佳。三十歲以後財運轉好。四十歲至五十歲時爆發『武貪格』旺運，獲得財富不少。七十歲以前都富有快活。七十歲以後財運轉弱。『財庫』變化多。

7 『空宮坐命』午宮有『同陰相照』的人之財運分析

陽男陰女：十多歲便爆發『武貪格』旺運，可獲得一筆財富。但在三十歲便開始財運不濟，要到五十歲走『天府』大運時，財運

5 『機梁坐命』辰宮的人之財運分析

陽男陰女：三十歲至四十歲會爆發財運，得到大財富。五十歲至七十歲之間，兩個大運都財運不佳。倘若能活到七十歲以上至八十歲間的大運裡，走『天府』旺運，才可『財庫』變好。

陰男陽女：二十歲以前，財運不佳。二十歲以後『財庫』變好。三十歲至四十歲之間爆發『武貪格』之偏財運，獲得財富很多，從此一帆風順。至六十歲以後『財庫』變差。『財庫』變化多端。

6 『紫殺坐命』巳宮的人之財運分析

陽男陰女：四十歲以前財運佳，尤其在二十歲至三十歲時爆發『武貪

9 『空宮坐命』申宮有『陽巨相照』的人之財運分析

陽男陰女：幼時尚好。三十歲以前財運欠佳。三十歲以後逢『天府』旺運得財較多。五十歲至六十歲之間會爆發『偏財運』可獲得大財富。但是七十歲以後又逢陷運，『財庫』變化多端。

陰男陽女：十多歲便可爆發『武貪格』旺運，獲得財富，四十歲以後至六十歲之間財運不佳。要到六十歲以後才會較好。『財庫』變化多。

10 『廉破坐命』酉宮的人之財運分析

陽男陰女：二十歲以前生活困苦，二十歲以後走『天府』大運，漸漸積富。四十歲至五十歲之間會爆發『武貪格』之偏財旺運，得到大財富。六十歲以後又逢陷運，財運差。『財庫』變化多。

陰男陽女：幼年困苦，二十歲至三十歲之間會爆發『偏財運』，獲得大財富。五十歲以前都財運平順。五十歲以後財運漸漸破敗。老年較苦。『財庫』變化多。

11 『空宮坐命』戌宮有『機梁相照』的人之財運分析

陽男陰女：三十歲至四十歲會發『武貪格』旺運，暴發錢財，得到大財富。五十歲以後財運較差。『財庫』變化大。

陰男陽女：幼年困苦。三十歲至四十歲會爆發財運，得到較大的財富。六十歲以後財運較弱。『財庫』變化大。

12 『天府坐命』亥宮的人之財運分析

陽男陰女：四十歲以前財運都很好，尤其在二十歲至三十歲時會爆發『武貪格』的大運，暴發財運，獲得很多錢財。四十歲以後財運較差。六十歲以後財運再轉好。『財庫』變化大。

陰男陽女：幼時富裕，十多歲至三十歲以前財運欠佳。然後慢慢變好。四十歲至五十歲會爆發財運，獲得較多的錢財。七十歲以後成為衰運期。『財庫』變化大。

『紫微在午』命盤格式

『紫微在午』的命盤格式中，以子年、寅年、卯年、辰年、午年、戌年、亥年都有很好的財運。『財庫』慢慢變大。

1 『貪狼坐命』子宮的人之財運分析

陽男陰女：青少年運不佳。幼年及二十歲至七十歲的大運裡，財運都不錯，尤以六十歲至七十歲最佳。『財庫』平順增加。

陰男陽女：三十歲以前都過得富裕，中年財運較差。六十歲至七十歲走『紫微』大運的財運最佳。『財庫』老年變大。

2 『同巨坐命』丑宮的人之財運分析

陽男陰女：幼年辛苦，十至二十歲，走『武相』運程，五十歲至六十歲走『紫微』運程時，財運最好。中年運差。『財庫』老年變大。

陰男陽女：幼年辛苦，十歲至四十歲走『貪狼』、『太陰』、『廉府』運程。七十歲至八十歲走『紫微』運程，『財庫』變大。

3 『武相坐命』寅宮的人之財運分析

陽男陰女：幼年平順，三十五至四十五歲時不佳。四十五歲至五十五歲走『紫微』運程時，『財庫』變大。一生大致平順。

陰男陽女：幼年平順，二十歲至五十歲走『貪狼』、『太陰』、『廉府』運程時較有錢。青少年及老年運不佳。『財庫』變化大。

4 『陽梁坐命』卯宮的人之財運分析

陽男陰女：青少年平順，三十歲至四十歲走『紫微』運程時財運最佳，較有錢。『財庫』變大

陰男陽女：青少年平順，三十歲至六十歲走『貪狼』、『太陰』、『廉府』運程時較有錢。『財庫』變大。

5 『七殺坐命』辰宮的人之財運分析

陽男陰女：幼年辛苦，二十歲至三十歲走『紫微』運程時，『財庫』變大。

陰男陽女：幼年平順，二十歲至三十歲走『武相』運。四十歲至七十歲走『貪狼』、『太陰』、『廉府』運程，『財庫』變大。

6 『天機坐命』巳宮的人之財運分析

陽男陰女：十歲至二十歲走『紫微』大運。五十歲至八十歲走『廉府』、『太陰』、『貪狼』運程時，『財庫』變大。

陰男陽女：幼年辛苦，三十歲至四十歲走『武相』運程，五十歲以後走『貪狼』、『太陰』、『廉府』運程，『財庫』變大。

7 『紫微坐命』午宮的人之財運分析

陽男陰女：幼年富裕，四十歲以後走『廉府』、『太陰』、『貪狼』運程時，『財庫』變大。

陰男陽女：幼年富裕，四十至五十歲走『武相』運程，六十歲以後走『貪狼』、『太陰』、『廉府』運程，『財庫』變大，老運佳。

8 『空宮坐命』未宮有『同巨相照』的人之財運分析

陽男陰女：幼年辛苦，三十歲以後至六十歲走『廉府』、『太陰』、『貪狼』運程，『財庫』變大。

陰男陽女：幼年辛苦，十歲至二十歲走『紫微』運程，五十歲至六十歲走『武相』運程，『財庫』變大。

9 『破軍坐命』申宮的人之財運分析

陽男陰女：幼年平順，二十歲至五十歲走『廉府』、『太陰』、『貪狼』運程，六十歲至七十歲走『武相』運程，『財庫』變大。

陰男陽女：幼年辛苦，二十歲至三十歲走『紫微』運程，六十歲至七十歲走『武相』運程，『財庫』變大。

10 『空宮坐命』酉宮有『陽梁相照』的人之財運分析

陽男陰女：十多歲至四十歲走『廉府』、『太陰』、『貪狼』運程，五十歲至六十歲走『武相』運程，『財庫』變大。

陰男陽女：三十歲至四十歲走『紫微』運程，『財庫』變大。

11 『廉府坐命』戌宮的人之財運分析

陽男陰女：幼年至三十歲以前走『廉府』、『太陰』、『貪狼』運程，四十歲至五十歲走『武相』運程，『財庫』變大。

陰男陽女：幼年平順，四十至五十歲走『紫微』大運時，『財庫』變大。

12 『太陰坐命』亥宮的人之財運分析

陽男陰女：二十歲以前走『太陰』、『貪狼』運程，三十歲至四十歲走『武相』運程，五十歲至六十歲走『七殺』運程，『財庫』變大。

陰男陽女：二十歲以前走『太陰』、『廉府』運程，五十歲至六十歲走『紫微』運程，『財庫』變大。

『紫微在未』命盤格式

『紫微在未』命盤格式中，以丑年、辰年、未年、酉年、戌年財運最佳。『財庫』會變大。

1 『巨門坐命』子宮的人之財運分析

陽男陰女：四十歲以前平順，四十歲至五十歲走『太陽』運程，『財庫』變大。

陰男陽女：二十歲至四十歲走『太陰』、『天府』運程、五十至六十歲走『紫破』運程，『財庫』變大。

2 『天相坐命』丑宮的人之財運分析

陽男陰女：幼年平順，三十歲至四十歲走『太陽』運程，六十歲至七十歲走『紫破』運程，『財庫』會變大。

陰男陽女：幼年平順，三十歲至五十歲走『太陰』、『天府』運程，『財庫』會變大。

3 『同梁坐命』寅宮的人之財運分析

陽男陰女：二十幾至三十歲走太陽運程，五十歲至六十歲走『紫破』運程，『財庫』會變大。

陰男陽女：幼年平順，四十歲至六十歲走『太陰』、『天府』運程，『財庫』會變大。

4『武殺坐命』卯宮的人之財運分析

陽男陰女：十多歲至二十多歲走『太陽』運程，要到四十歲至五十歲走『紫破』運程，『財庫』會變大。

陰男陽女：二十多歲至三十多歲走『天相』運程，五十歲至七十歲走『太陰』、『天府』運程，財運佳，『財庫』會變大。

5『太陽坐命』辰宮的人之財運分析

陽男陰女：幼年富裕，三十歲至四十歲走『紫破』運程，五十歲至七十歲走『天府』、『太陰』運程時，『財庫』會變大。

陰男陽女：幼年富裕，三十歲至四十歲走『天相』運程，六十歲以後走『太陰』、『天府』運程，『財庫』會變大。

6 『空宮坐命』巳宮有『廉貪相照』的人之財運分析

陽男陰女： 幼年辛苦，二十歲至三十歲走『紫破』運程，四十歲至六十歲走『天府』、『太陰』運程時，『財庫』會變大。

陰男陽女： 十歲至二十歲走『太陽』運程，四十歲至五十歲走『天相』運程，七十歲以後走『太陰』、『天府』運程時，『財庫』會變大。

7 『天機坐命』午宮的人之財運分析

陽男陰女： 三十歲以前平順，三十歲至五十歲走『天府』、『太陰』運程時，『財庫』會變大。

陰男陽女：二十歲至三十歲走『太陽』運程，五十歲至六十歲走『天相』運程時，『財庫』會變大。

8 『紫破坐命』未宮的人之財運分析

陽男陰女：幼年平順，二十歲至四十歲走『天府』、『太陰』運程，『財庫』會變大。

陰男陽女：幼年平順，三十歲至四十歲走『太陽』運程，六十歲至七十歲走『天相』運程，『財庫』會變大。

9 『空宮坐命』申宮有『同梁相照』的人之財運分析

陽男陰女：十歲至三十歲走『天府』、『太陰』運程，五十歲至六十歲走『天相』運程，『財庫』會變大。

陰男陽女：三十歲以前平順，四十歲至五十歲走『太陽』運程，『財庫』會變大。

10『天府坐命』酉宮的人之財運分析

陽男陰女：二十歲以前走『天府』、『太陰』運程，四十歲至五十歲走『天相』運程，『財庫』會變大。

陰男陽女：四十歲以前平順，五十歲至六十歲走『太陽』運程，『財庫』會變大。

11『太陰坐命』戌宮的人之財運分析

陽男陰女：幼年平順，三十歲至四十歲走『天相』運程，六十幾至七十歲走『太陽』運程，『財庫』會變大。

陰男陽女：二十歲以前走『太陰』、『天府』運程，六十歲至七十歲走『太陽』運程，『財庫』會變大。

12 『廉貪坐命』亥宮的人之財運分析

陽男陰女：幼年辛苦，二十歲至三十歲走『天相』運程，五十歲至六十歲走『太陽』運程，『財庫』會變大。

陰男陽女：幼年辛苦，十歲至三十歲走『太陰』、『天府』運程，四十歲至五十歲走『紫破』運程，『財庫』會變大。

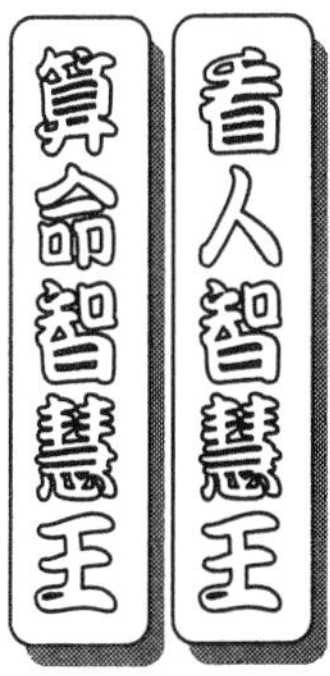

『紫微在申』命盤格式

『紫微在申』命盤格式，以子年、丑年、寅年、辰年、巳年、申年、酉年、戌年財運最好。『財庫』會變大。

1 『廉相坐命』子宮的人之財運分析

陽男陰女：三十歲以前平順，四十歲至六十歲走『武曲』、『太陽』運程較有錢。四十多歲至五十多歲之間會爆發偏財運，多得財富。『財庫』會變大。

陰男陽女：三十歲以前平順，三十歲至六十歲走『貪狼』、『太陰』、『紫府』的運程較有錢。二十多歲至三十多歲之間會暴發偏財運，最有錢。『財庫』會變大。

2 『天梁坐命』丑宮的人之財運分析

陽男陰女：三十歲以前平順，三十歲以後至五十歲走『武曲』、『太陽』的運程會暴發偏財運，『財庫』會變大。

陰男陽女：幼年平順，三十歲至六十歲時走『貪狼』、『太陰』、『紫府』的運程財運最好，其中也會暴發偏財運。『財庫』會變大。

3 『七殺坐命』寅宮的人之財運分析

陽男陰女：幼年辛苦，二十歲至四十歲走『武曲』、『太陽』的運程，會暴發偏財運，六十至七十歲走『紫府』的運程，財運最好，『財庫』會變大。

陰男陽女：四十歲以前平順，四十歲至七十歲走『貪狼』、『太陰』、『紫府』的運程，較有錢。也會暴發偏財運。『財庫』會變大。

4 『天同坐命』卯宮的人之財運分析

陽男陰女：十歲至三十歲走『武曲』、『太陽』的運程，五十歲以後走『紫府』、『太陰』、『貪狼』的運程，『財庫』會變大。

陰男陽女：十歲至二十歲走七殺的運程，五十歲以後走『貪狼』、『太陰』、『紫府』的運程，愈老『財庫』會變大。。

5 『武曲坐命』辰宮的人之財運分析

陽男陰女：二十歲以前走『武曲』、『太陽』的運程，四十歲以後至七十歲走『紫府』、『太陰』、『貪狼』的運程，有二次暴發最大偏財運的機會，『財庫』會變大。

陰男陽女：幼年富裕，二十歲至三十歲走『七殺』的運程較有錢，中年平順，六十歲至七十歲走『貪狼』的運程，因正逢『武貪格』，『財庫』會變大。

6 『太陽坐命』巳宮的人之財運分析

陽男陰女：三十歲以前辛苦，三十歲至六十歲走『紫府』、『太陰』、『貪狼』的運，較有錢，六十歲以後平順。『財庫』會有變化。

陰男陽女：二十歲以前走『太陽』、『武曲』的運程，三十歲至四十歲走『七殺』的運程較有錢，四十歲以後平順而已。『財庫』會有變化。

7 『破軍坐命』午宮的人之財運分析

陽男陰女：二十歲至五十歲走『紫府』、『太陰』、『貪狼』的運程較有錢，五十歲以後財運平順。『財庫』會有變化。

陰男陽女：十歲至三十歲走『太陽』、『武曲』的運程，四十至五十歲走『七殺』的運程較有錢，五十歲以後，『財庫』平順變少。

8 『天機坐命』未宮的人之財運分析

陽男陰女：十歲至四十歲走『紫府』、『太陰』、『貪狼』的運程，有偏財運，較有錢。四十歲以後『財庫』平順而已。

陰男陽女：二十歲至四十歲走『太陽』、『武曲』的運程，『財庫』變大。

9 『紫府坐命』申宮的人之財運分析

陽男陰女：三十歲以前走『紫府』、『太陰』、『貪狼』較有錢，三十歲以後財運平順而已。一生『財庫』很大，還具有偏財運。

陰男陽女：幼年富裕，三十多歲至五十歲走『太陽』、『武曲』的運程較有錢，也有偏財運。『財庫』變化大。

10 『太陰坐命』酉宮的人之財運分析

陽男陰女：二十歲以前走『太陰』、『貪狼』的運程、五十歲至六十歲走『七殺』運程，較有錢，其他的運程平順。『財庫』有變化。

陰男陽女：二十歲以前走『太陰』、『紫府』的運程較有錢，二十歲至四十歲都很差，四十歲至六十歲走『太陽』、『武曲』的運程又財運變好有錢了。『財庫』多變化。

11 『貪狼坐命』戌宮的人之財運分析

陽男陰女：四十歲以前平順，四十歲至五十歲走七殺運程，六十歲以後走『武曲』、『太陽』運程，最富有了。『財庫』有變化。

陰男陽女：三十歲以前走『貪狼』、『太陰』、『紫府』的運較有錢，三十歲至五十歲運差。五十歲至七十歲走『太陽』、『武曲』的運程，又轉而富有了。『財庫』多變化。

12 『巨門坐命』亥宮的人之財運分析

陽男陰女： 三十歲以前平順，三十歲至四十歲走『七殺』運程，五十歲至七十歲走『武曲』、『太陽』運程，『財庫』變大。

陰男陽女： 四十歲以前走『貪狼』、『太陰』、『紫府』的運程較有錢。六十歲至八十歲走『太陽』、『武曲』的運程，『財庫』變大。

『紫微在酉』命盤格式

『紫微在酉』命盤格式，以卯年、午年、未年、酉年、亥年較有錢。財運較佳。『財庫』多變化。

1 『天梁坐命』子宮的人之財運分析

陽男陰女：三十歲至四十歲走『紫貪相照』的運程稍好，六十多歲以後走『太陽』、『天府』的運程，『財庫』變大。

陰男陽女：幼年平順，三十歲至四十歲走『紫貪』的運程，五十歲至七十歲走『天府』、『太陽』的運程，『財庫』變大。

2 『廉殺坐命』丑宮的人之財運分析

陽男陰女：二十歲至三十歲走『紫貪』相照的運程，五十歲至七十歲走『太陽』、『天府』的運程，『財庫』變大。

陰男陽女：幼年辛苦，三十歲以前平順，三十歲至四十歲運差，四十歲至五十歲走『紫貪』的運程，六十歲以後走『天府』、『太陽』的運程，『財庫』變大。

3 『空宮坐命』寅宮有『機陰相照』的人之財運分析

陽男陰女：四十歲以前不順。以四十多歲至六十多歲走『太陽』、『天府』運程，『財庫』變大。

陰男陽女：幼年辛苦，二十歲至四十歲財運平順，中年不順。五十歲至六十歲走『紫貪』運程時，財運較好。『財庫』變大。

4 『空宮坐命』卯宮有『紫貪相照』的人之財運分析

陽男陰女：三十歲至五十歲走『太陽』、『天府』運程時，『財庫』變大。

陰男陽女：三十歲以前辛苦，三十歲至五十歲，『財庫』平順普通。

你的『財庫』有多大

5 『天同坐命』辰宮的人之財運分析

陽男陰女：二十歲至四十歲走『太陽』、『天府』運程、五十歲至六十歲走『紫貪』運程，『財庫』變大。。

陰男陽女：四十歲以前辛苦，四十歲至六十歲『財庫』平順普通。

6 『武破坐命』巳宮的人之財運分析

陽男陰女：幼年辛苦，十歲至三十歲走『太陽』、『天府』的運程，四十歲至五十歲走『紫貪』運財運較好，有錢。『財庫』變大。

陰男陽女：五十歲以後『財庫』平順普通。

7 『太陽坐命』午宮的人之財運分析

陽男陰女：二十歲以前走『太陽』、『天府』的運程，三十歲至四十歲走『紫貪』的運程較有錢。五十歲至七十歲『財庫』平順有飯吃。

陰男陽女：三十歲至四十歲走『紫貪』相照的運程較有錢。六十歲以後平順『財庫』不大。

8 『天府坐命』未宮的人之財運分析

陽男陰女：幼時富裕，二十歲至三十歲走『紫貪』的運程較有錢，四十歲至六十歲，財運平順。『財庫』不大。

陰男陽女：二十歲以前走『天府』、『太陽』的運程較有錢。四十歲至五十歲走『紫貪』相照的運，『財庫』不大。

9 『機陰坐命』申宮的人之財運分析

陽男陰女：十歲至二十歲走『紫貪』的運程較有錢，三十歲至五十歲財運平順。『財庫』多變化。

陰男陽女：十歲至三十歲走『天府』、『太陽』的運，『財庫』變好。

10 『紫貪坐命』酉宮的人之財運分析

陽男陰女：十幾歲至二十歲運差。二十至四十歲走『天相』、『天梁』的運程，財運平順。『財庫』多變化。

陰男陽女：二十歲至四十歲走『天府』、『太陽』的運程，『財庫』變好。

11『巨門坐命』戌宮的人之財運分析

陽男陰女：幼年辛苦，十歲至三十歲財運較平順。『財庫』多變化。

陰男陽女：青少年運好，三十歲至五十歲走入『天府』、『太陽』的運程，『財庫』變好。

12『天相坐命』亥宮的人之財運分析

陽男陰女：二十五歲以前平順。四十多歲至五十多歲走『紫貪』的運程不錯，七十歲以後走到『太陽』的運程，『財庫』變好。

陰男陽女：青少年不佳，二十歲至三十歲走『紫貪』運程較好，四十歲至六十歲走『天府』、『太陽』運，『財庫』變好。

『紫微在戌』命盤格式

『紫微在戌』命盤格式，以子年、寅年、午年、酉年、戌年財運最好，最有錢。『財庫』多變化。

1 『七殺坐命』子宮的人之財運分析

陽男陰女：二十五歲至三十五歲走廉貞運會打拼，五十歲至六十歲走天同運程較平順，六十歲至七十歲走『武府』運程，『財庫』變大。

陰男陽女：二十歲至三十歲走『紫相』運程，六十歲至七十歲走『武府』運程最有錢。一生平順。『財庫』變大。

2 『空宮坐命』丑宮有『日月相照』的人之財運分析

陽男陰女：四十歲至五十歲財運平順，五十歲至六十歲走『武府』運程，『財庫』變大。

陰男陽女：三十歲至四十歲走『紫相』運程，『財庫』變大。

3 『廉貞坐命』寅宮的人之財運分析

陽男陰女：以三十歲至四十歲財運平順，四十歲至五十歲走『武府』運程，『財庫』變大。

陰男陽女：以四十歲至五十歲走『紫相』運程，『財庫』變大。

4 『空宮坐命』卯宮有『機巨相照』的人之財運分析

陽男陰女：以三十歲至四十歲走『武府』大運，『財庫』變大。

陰男陽女：以五十歲至六十歲走『紫相』運程，『財庫』變大。

5 『破軍坐命』辰宮的人之財運分析

陽男陰女：二十歲至三十歲走『武府』運程最有錢，六十歲至七十歲走『紫相』運程，『財庫』變大。

陰男陽女：四十歲至五十歲走『七殺』運程，六十歲至七十歲走『紫相』運程，『財庫』變大。

6 『天同坐命』巳宮的人之財運分析

陽男陰女：以十多歲至二十多歲走『武府』運程為最有錢。五十歲至六十歲走『紫相』運程時，『財庫』變大。

陰男陽女：以三十多歲至四十多歲走『廉貞』運和五十多歲至六十多歲走『七殺』運程時，『財庫』變大。

7 『武府坐命』午宮的人之財運分析

陽男陰女：幼年富裕，以四十歲至五十歲走『紫相』運程時，『財庫』變大。

陰男陽女：幼年富裕，一生財運平順。以四十五歲至五十五歲走『廉貞』運較佳。『財庫』變好。

8 『日月坐命』未宮的人之財運分析

陽男陰女：三十歲至四十歲走『紫相』運程，五十歲至六十歲走『七殺』運程時，『財庫』變大。

陰男陽女：十歲至二十歲走『武府』運程最有錢，二十歲至三十歲走『天同』運程財運最平順。『財庫』多變化。

9 『貪狼坐命』申宮的人之財運分析

陽男陰女：二十歲至三十歲走『紫相』運程，四十歲至五十歲走『七殺』運程，『財庫』變大。

陰男陽女：二十歲至三十歲走『武府』運程最有錢，三十歲至四十歲走『天同』運程，財運最平順。『財庫』多變化。

10 『機巨坐命』酉宮的人之財運分析

陽男陰女：十歲至二十歲走『紫相』運程，三十歲至四十歲走『七殺』運程，『財庫』變大。

陰男陽女：三十歲至四十歲走『武府』運程最有錢。四十歲至五十歲走『天同』運程，財運最順利。『財庫』有變化。

11 『紫相坐命』戌宮的人之財運分析

陽男陰女：幼時富裕。二十多歲至三十多歲走『七殺』運程，四十五至五十五歲走『廉貞』運程，『財庫』變大。

陰男陽女：四十歲至五十歲走『武府』運程，最有錢。五十歲至六十歲走『天同』運程，財運最順利。『財庫』變普通。

12 『天梁坐命』亥宮的人之財運分析

陽男陰女：三十多歲至四十多歲走『廉貞』運程，以及六十歲至七十歲走『天同』運程，財運最順利，較有錢。『財庫』普通。

陰男陽女：十多歲至三十多歲走『紫相』、『機巨』運程，以及五十歲至六十歲走『武府』運程，『財庫』變大。

『紫微在亥』命盤格式

『紫微在亥』命盤格式，以丑年、巳年、未年、亥年最有錢，財運較佳。『財庫』多變化。

1 『空宮坐命』子宮有『同陰相照』的人之財運分析

陽男陰女： 十多歲至二十多歲走『武貪』偏財運程以及五十歲至六十歲走『天府』運程，財運最好，『財庫』變大。

陰男陽女： 以十多歲至二十多歲走『紫殺』運程，以及五十歲至六十歲走『武貪』偏財運程，『財庫』變大。

2 『空宮坐命』丑宮有『武貪相照』的人之財運分析

陽男陰女： 以四十歲至五十歲走『天府』運程，以及六十歲至七十歲走『武貪』偏財運程，財運最好，『財庫』變大。

陰男陽女： 以二十歲至三十歲走『紫殺』運程，以及六十歲至七十歲走『武貪』偏財運程，財運最好，『財庫』變大。

你的『財庫』有多大

3 『空宮坐命』寅宮有『陽巨相照』的人之財運分析

陽男陰女：以三十歲至四十歲走『天府』運程，以及五十歲至六十歲走『武貪』偏財運程，財運最好，『財庫』變大。

陰男陽女：以十多歲至二十多歲有『武貪』相照的偏財運程，及三十歲至四十歲走『紫殺』的運程，『財庫』變大。

4 『廉破坐命』卯宮的人之財運分析

陽男陰女：以二十歲至三十歲走『天府』運程，以及四十歲至五十歲走『武貪』偏財運程為，『財庫』變大。

陰男陽女：以二十歲至三十歲『武貪』相照偏財運程，和四十歲至五十歲的『紫殺』運程，『財庫』變大。

5 『空宮坐命』辰宮有『機梁相照』的人之財運分析

陽男陰女：以十多歲至二十多歲『天府』運程，以及三十歲至四十歲的『武貪』偏財運程，『財庫』變大。

陰男陽女：以三十歲至四十歲『武貪』相照的偏財運程，以及五十歲至六十歲的『紫殺』運程，『財庫』變大。

6 『天府坐命』巳宮的人之財運分析

陽男陰女：以二十歲至三十歲的『武貪』偏財運程，『財庫』變大。

陰男陽女：以四十歲至五十歲『武貪』相照偏財運程，以及六十歲至七十歲的『紫殺』運程，『財庫』變大。

7 『同陰坐命』午宮的人之財運分析

陽男陰女：以十多歲至二十多歲的『武貪』偏財運程最有錢，和五十歲至六十歲『紫殺』的運程財較多。『財庫』變大。

陰男陽女：以十多歲至二十多歲的『天府』運程，以及五十歲至六十歲的『武貪』相照，偏財運程，『財庫』變大。

8 『武貪坐命』未宮的人之財運分析

陽男陰女：以四十歲至五十歲『紫殺』運程，和六十歲至七十歲『武貪』相照偏財運程，『財庫』變大。

陰男陽女：以二十歲至三十歲走『天府』運程，以及六十歲至七十歲走『武貪』相照偏財運程，『財庫』變大。

9 『陽巨坐命』申宮的人之財運分析

陽男陰女：以三十歲至四十歲走『紫殺』運程，以及五十歲至六十歲走『武貪』相照偏財運程，『財庫』變大。

陰男陽女：以十多歲至二十多歲走『武貪』偏財運程，及三十歲至四十歲走『天府』運程，『財庫』變大。

10 『天相坐命』酉宮的人之財運分析

陽男陰女：二十歲至三十歲走『紫殺』的運程和四十歲至五十歲走『武貪』相照暴發的運程為，『財庫』變大。

陰男陽女：以二十歲至三十歲走『武貪格』的運程，以及四十歲至五十歲走『天府』運程，『財庫』變大。

你的『財庫』有多大

11 『機梁坐命』戌宮的人之財運分析

陽男陰女：以十多歲至二十多歲走『紫殺』運程，以及三十歲至四十歲走『武貪』相照，偏財運程的財運最好，『財庫』變大。

陰男陽女：以三十至四十歲走『武貪』偏財運程，以及五十歲至六十歲走『天府』運程，財運最好，『財庫』變大。

12 『紫殺坐命』亥宮的人之財運分析

陽男陰女：以二十歲至三十歲走『武貪』相照偏財運程，及六十歲至七十歲走『天府』運程，『財庫』變大。

陰男陽女：以四十歲至五十歲走『武貪』偏財運程，以及六十歲至七十歲走『天府』運程，『財庫』變大。

第六章　如何穩定『財庫』、增大『財庫』

到了書尾結論的時候了，現在你可能已經計算出你的『財庫』了。可能目前你正沾沾自喜。也可能你有稍許的唉嘆！不過我要提醒你的是：這只是一個大概的數字，也只是一個基本的數字。你也許會受到這個數字的激發，而發奮圖強，創造更驚人的財富。也可能因為這個數字而洩氣，每況愈下的更達不到我為你解盤預測的『財庫』數值。

每個人的『財庫』都靠自己去穩定、增加

每一個人的『財庫』多寡都是由自己去達成的，縱然有人幫忙也很有限。所以你自己想要擁有多少財富，完全由你自己決定。你的努力有多少？你的觀念是什麼？你受到別人的影響，是對你自身『財庫』有增加益處的？還是有耗財不利的？你自己所堅持的信念是什麼？你的人際關係圓不圓融？對於掌握錢財方面的才智夠不夠？種種都是會影響每個人『財庫』的總值的。

有一些朋友常在財運不好的時候跑來找我幫忙看看，為什麼財運不好？在這些人之中，絕大多數的人是『身宮』落在『夫妻宮』的，或者是『身宮』落在『福德宮』的人。

身宮在『夫、遷、福』的人如何增大『財庫』

我常分析給他們聽：你的『身宮』落在『夫妻宮』的話，你這個人就是對感情的事情是最看重的了！並不太在乎錢財，凡事以別人對你的好壞、情份的深重為心靈敏感地帶。沒有放太多的時間、思想和精力去打拼賺錢！自然得到的財和那些注意力全在錢財上的人比較要少的多。

『身宮』落在『福德宮』的人，心靈中人生最重要的事情是享福，如何能讓自己在工作中減少工作量，又可在吃穿上多吃一點、多穿一點，在玩的方面多玩一點。在這種情況下，同樣也是人生中注意力全集中在享福上面，在打拼賺錢方面，自然比不過別人了。

你的『財庫』有多大

找到『錢路』能增大『財庫』

其他像是在『命、財、官』、『夫、遷、福』中有煞星或財星落陷的人，常常會做一些工作，是與『錢路』背道而馳的，或是在一些財少的地方工作，亦或是根本不工作，這完全是沒有『錢』的敏感力，在思想上就有古怪、走不到『錢路』上去，又如何能找到財？又如何有能力賺錢呢？我也常常為這些命中財少的朋友出主意，建議他們做些什麼工作會把自己的方向目標調轉過來，走向『財路』。但是往往碰到的狀況都是這些朋友總是推三阻四的，找了十幾個理由來說明自己這也做不到，那也做不到。

我說：最簡單的，你現在走出去，有便利商店在招人的，任何計時、計薪的工作，你先找到先去做，騎著馬找馬，今天你就算是有財進了。這是第一步，以後再慢慢的發展找更好、錢更多的工作。可是這些人仍猶豫不決，又想到面子問題，又想到家人、時間和錢太少的問題。藉口很多。連這一步都跨不出去，如何會找到錢呢？

反觀那些『身宮』在『財帛宮』或『官祿宮』的人，只要有機會，便立即把握住。**『身宮』在『財帛宮』的人**，只要有錢賺，那怕多辛苦、多低下、會搞得身上髒兮兮的，只要錢多，能賺到錢的，都會跑第一，第一個賺到錢的。

『身宮』在『官祿宮』的人，只要工作是有前途、有希望、有升遷機會的，也會第一個投入工作，那怕暫時錢少一點，辛苦一點也無所謂。所以這就是每個人的不同點了。人會成功也不是沒有原因的了。

至於『身宮』在『遷移宮』的人，因為愛東跑西跑的，所以在他們之中有些人是對金錢有敏感力的，愛賺錢的，會努力去賺錢的。有些是賺錢能力差的，因此他們是介於中間的人。

『身宮』在『命宮』的人，是特別固執己見的人，也會因自己的思想方式而主導自己選擇賺錢的路途。

思想決定『財庫』大小

總而言之，你的思想決定了你自己有多少財富。你有沒有錢，要不要錢，也完全由自己決定。你當然非常瞭解自己，也知道自己的極限在那裡！也很清楚的知道，你自己到底一輩子有多少財富，你早就瞭然於胸啦！財多財少，又有什麼可怨、可恨的呢？要改善，當然你就最清楚了，那就是現在就走出去，從先賺到今天的第一筆財開始，不要再為自己找藉口了，到處是財路，四處是機會，一定要智能先開，才看得到財路和機會，我只能再說聲：加油！加油！

辰、戌、丑、未年都是能增大『財庫』的爆發年

公元二〇一二年（壬辰年）是極具旺運的宇宙時間、空間相互交叉的十字標的。在這一年中世界上所有的『辰戌武貪格』的擁有者都會爆發旺運，尤其是命格中缺水、需要水的人，壬辰年對你會更加有利。你看看！這威力有多大！事實上在戌年也是一樣。而擁有此等暴發運、偏財運的人。也必需要有事業、有工作才暴發得大。所以世界上沒有不勞而獲的事情，您想擁有多大的旺運、財富就加緊努力打拼吧！願與讀者共勉之！

吉人天相保平安

法雲居士⊙著

天災人禍常常是人類防不慎防的恐懼事件。日本 311、美國 911、台灣 921、南亞海嘯，無論是海嘯、原發幅射、恐怖攻擊、大地震，亦或是精神疾病、傷災、車禍對人的攻擊、侵襲，在在都會戕害人類的生命，傷害人類的肉體、心靈。

在這個混沌的世界裡，要如何做一個『吉人』？吉人自有天相，來保護自己的平安，預先掌握天機。

法雲老師教你趨吉避凶的方法，
教你找到自己的好時間。
來做一個真正的『吉人』自保平安。

法雲居士⊙著

『致富』是人生的功課，必須做到最優等。『招財』是人生的目的，也必須全方位面面俱到。但『致富』和『招財』，始終是多數人心中的疑惑與茫然。如何讓『致富過程』與『招財術』成為你一生的快樂法寶，讓你一生不匱乏，富貴永昌的過日子？如何讓『致富術』與『招財術』成為你人生增高的企機？

法雲居士在這本『致富達人招財術』中會清楚明確的提供了發財的方法，和真正『招財術』的技巧。讓你完成『致富達人』速成的絕招！

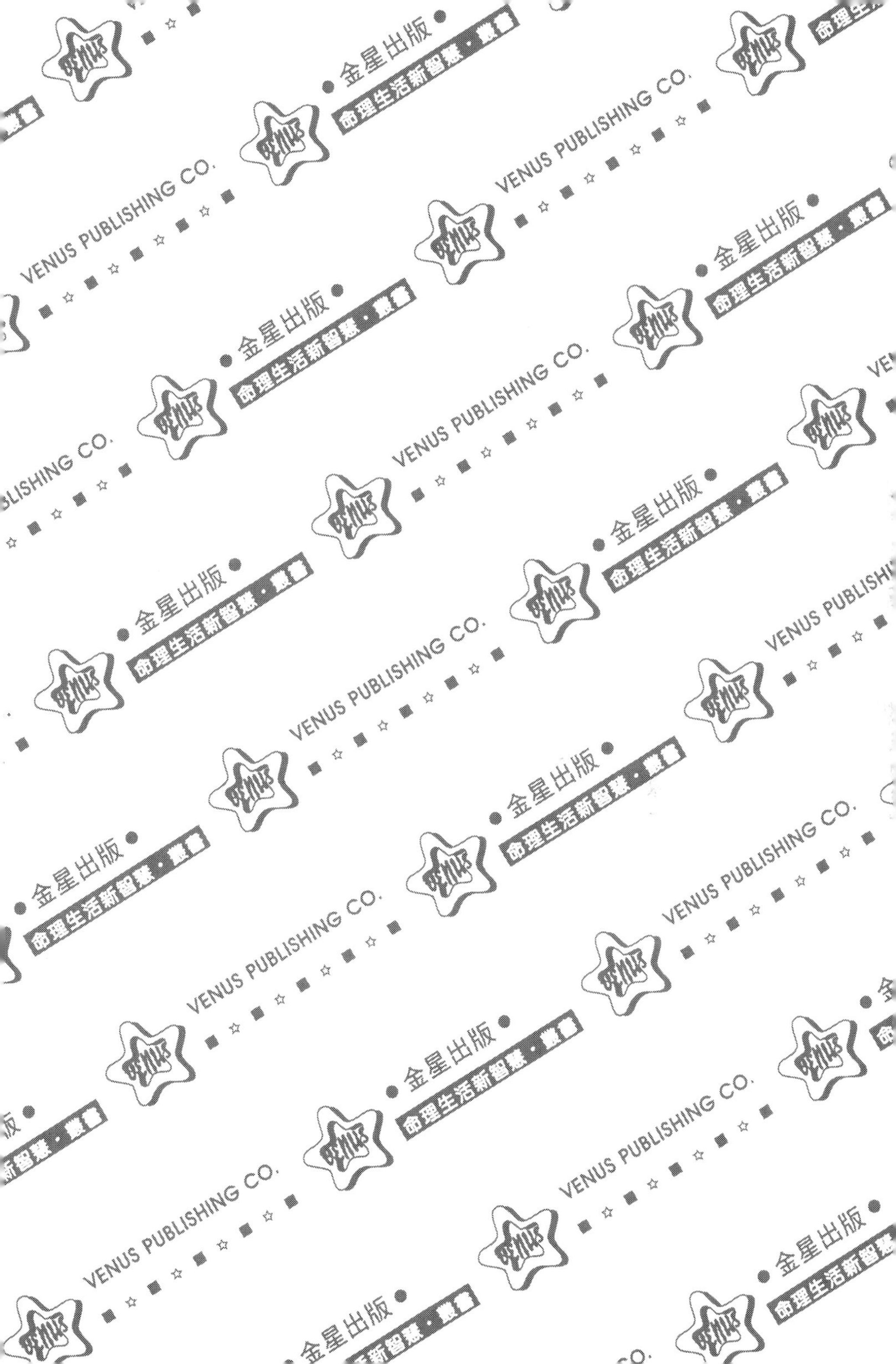

VENUS PUBLISHING CO.
金星出版
命理生活新智慧・叢書